"十四五"时期国家重点出版物出版专项规划项目

国家出版基金项目
NATIONAL PUBLICATION FOUNDATION

中国生物学教育研究丛书

赵占良 主编

# 中学生物学课堂教学行为研究

谭永平 平亚茹 著

广西教育出版社
·南宁·

**图书在版编目（CIP）数据**

中学生物学课堂教学行为研究 / 谭永平，平亚茹著
. -- 南宁：广西教育出版社，2021.8（2024.1 重印）
（中国生物学教育研究丛书 / 赵占良主编）
ISBN 978-7-5435-8987-2

Ⅰ．①中… Ⅱ．①谭… ②平… Ⅲ．①生物课－课堂教学－教学研究－中学 Ⅳ．① G633.912

中国版本图书馆 CIP 数据核字 (2021) 第 152325 号

**策　　划：**廖民锂　潘姿汝　黄力平
**责任编辑：**陈亚菲　张振华　**装帧设计：**李浩丽
**责任校对：**杨红斌　卢佳慧　**责任技编：**蒋　媛

**出 版 人：**石立民
**出版发行：**广西教育出版社
**地　　址：**广西南宁市鲤湾路 8 号　**邮政编码：**530022
**电　　话：**0771-5865797
**本社网址：**http://www.gxeph.com
**电子信箱：**gxeph@vip.163.com
**印　　刷：**广西民族印刷包装集团有限公司
**开　　本：**787mm×1092mm　1/16
**印　　张：**12.5
**字　　数：**186 千字
**版　　次：**2021 年 8 月第 1 版
**印　　次：**2024 年 1 月第 2 次印刷
**书　　号：**ISBN 978-7-5435-8987-2
**定　　价：**32.00 元

# ○ 序 ○

2001 年，叶佩珉教授主编的“学科现代教育理论书系·生物学”由广西教育出版社出版。这套丛书系统总结了我国改革开放以来中学生物学教育在课程论、教学论、学习论、实验论、测量评价理论等方面的研究成果，在我国中学生物学教育领域产生了广泛影响。

20 年过去了，在中国共产党 100 周年华诞，党团结带领全国人民全面建成小康社会，实现第一个百年奋斗目标，正意气风发地向着全面建成社会主义现代化强国的第二个百年奋斗目标迈进之际，回首本世纪的这第一个 20 年，我们不禁感慨，我国的中学生物学教育也走过了一段极不平凡的探索历程。这 20 年，是新一轮基础教育课程改革从启动到深化的 20 年。在这 20 年中，我们经受了新课程理念的洗礼，实施新课标，使用新教材，探索新的教学方式和考试评价方式，改革创新的热潮一波又一波地兴起，新观点、新模式、新经验不断涌现。从总体上看，我国的中学生物学课程、教材和教学的质量和水平，已经迅速赶上了时代，极大缩短了与发达国家的距离，具有中国特色的生物学课程教材体系和学术话语体系正在形成。当然，还有许多问题需要研究，也有不少挑战需要面对，一些困惑需要破解。

展望开启新征程的未来 30 年，我们更是豪情满怀。未来 30 年，中学生物学教育更是大有可为的，并且应该大放异彩！为实现第二个百年目标培养人才的需求，是我们每一位教育工作者肩负的重任。如何让生物学教育更好地服务于立德树人根本任务，更好地服务于国家创新驱动战略的实施？如何让生物学课程更加充分地彰显育人价值，使它在“培根铸魂、启智增慧”中发挥独特的作用？这是每一位生物学教育工作者应该认真思考和研究的问题。

站在新的历史交汇点上，总结我国这20年中学生物学教育的理论与实践研究成果，研究新时期我国生物学教育面临的任务和挑战，构建中国特色生物学教育理论体系和课程教材体系，探索生物学教育高质量发展的实践路径、策略和方法，是时代的需要，是生物学教育研究者的责任，也是广西教育出版社策划、我和诸位作者一道撰写“中国生物学教育研究丛书”的出发点。

我作为本套丛书的主编，主要思考和解决三个问题：写哪几本书？找谁写？如何写？

写哪几本书？我的思路是从问题到选题。这里所说的“问题”，多数是我国中学生物学教育理论和实践研究中长期关注的问题，如概念教学问题、实验教学问题、学生科学过程技能培养问题、国际教材比较问题、信息技术与生物学教学融合问题等。这些方面的研究虽然已有丰富的成果，但随着时代的发展，还有许多问题需要与时俱进地继续研究；有些是近年来研究的热点问题，如学业评价问题、STEAM教育问题等，这些方面的研究虽然热度很高，但体现生物学学科特点、系统而实用的研究不多，有较大影响力的原创性研究成果更少；有些则属于需要重视但缺少系统深入研究的问题，如课堂教学行为分析的科学化问题、农村课程资源的开发和利用问题。问题梳理出来了，选题也就随之确定了。

找谁写？我借助自己长期担任中国教育学会生物学教学专业委员会理事长的便利条件，大致了解到圈内同行近期研究的方向和成果，比如，崔鸿教授团队对学业评价有较深入的研究，王永胜教授前些年承担了农村课程资源研究课题，谭永平编审承担过生物学课堂教学行为分析研究课题，李高峰教授联合众多大学和中学教师集体攻关、开发本土化的STEAM教育课程，王健教授在科学过程技能培养方面学术视野宽广，解凯彬教授关于中学生物学实验教学的讲座在全国广受欢迎，黄世勇主任带领中山市的老师们在信息技术与学科教学融合方面进行了多年不懈的探索，张秀红博士在人民教育出版社做了为期两年的国际高中生物学教材比较研究，等等。于是，我请他们分别担纲相应选题的撰写。只有“概念教学论”这一本，本来想请这方面的专家胡玉华教授写的，但她因为其他工作太忙而无暇承担，情急之下，加之广西教育出版社的热诚鼓励，我就不自量力地将它放在自己名下了。应该说，除我之外，其他八本书的担纲者都是在相应领域有较深入的研究、有较高学术造诣的专家，自然是能够胜任书稿撰写的。这里并没有“要写此书，非他莫属”的意思。中国之大，藏龙卧虎，我们抱有“苔花如米小，也学牡丹开”的心态。

如何写？首先要明确为谁写。虽然这套丛书的读者范围包括高校生物学教育专业的教师和研究生，但主要还是面向广大中学生物学教师和教研人员（以下统称“教师”）。因此，必须让教师觉得这套书有用、好用。这就需要针对教师的需求来写，而教师的需求是多方面、多层次和多样化的。教师有提升专业素养或学科教学知识（PCK）的需求，也有对教学资源、工具和环境的需求；有的教师更需要提升理论修养，有的教师更需要实用的方法；有的教师更需要提升教学成绩，有的教师更需要开展研究、实践积累。一套书旨在满足教师什么样的需求，是由其选题定位决定的。本丛书名称中的“研究”二字，说明它不是一般的教学参考书，也不是教学设计和教案，更不是教学辅助资源，而是反映我国生物学教育研究成果的系列专著，重在针对教育教学中存在的实际问题，总结相关理论研究成果和实践经验，提出未来深化改革、提高学科育人功能的基本原则和具体举措。换言之，本丛书主要是满足教师提升专业素养和综合能力的需要，助力教师专业发展。当然，本丛书突出的“研究”，并不是“象牙之塔”中的纯学术的研究，而是扎根于课程设计、教材编写和教学实施等方面活生生的实践，触角伸向教和学的各方面和各环节，具有理论与实践密切结合、学术性与实用性相得益彰的显著特点。

为了写好这套书，广西教育出版社于 2019 年 2 月在北京专门召开编写启动会，各册主要作者围绕丛书框架体系、编写思路、内容、体例等进行了热烈而深入的讨论。在确定丛书上述定位的基础上，我们还就丛书的编写要求达成以下共识：一是落实新课标中“核心素养为宗旨”的理念，将发展学生的生物学核心素养作为贯穿各册内容的一条主线；二是注重一般理论与生物学学科特点的有机结合，避免生搬硬套、“穿靴戴帽”，要着力实现教育教学一般理论在生物学学科中的创造性转化；三是要立足本土、借鉴国外，对国外的教育教学理念和方法，要在消化的基础上，根据我国经济、社会、文化和教育教学特点有选择地吸收，力求构建有中国特色的生物学教育理论框架、话语体系和实践路径；四是在继承的基础上创新，突出研究成果的原创性，正所谓“重复别人一百句名言不如说出一句自己的创见”，研究的目的是创新，而创新也离不开对优良传统的继承。

为了写好这套书，各册作者牺牲了节假日，夜以继日埋头苦干。针对作者较多的册次，开了许多次编写研讨会和统稿会，几易其稿，反复打磨。我作为丛书主编，谨向大家致以由衷的敬意和谢忱！

在本丛书还未完全成稿之际，欣闻它荣获国家出版基金资助，这让我们备受鼓舞，也更加感到责任重大。感谢北京师范大学刘恩山教授和华东师范大学郑晓蕙教授在基金申报中的热情推荐。感谢广西教育出版社在选题立项、编辑加工和出版发行工作中的大力支持和倾情付出。感谢学界先贤同侪在各自论著中奉献的智慧和经验，这些著述带给我们多方面的滋养和启迪。

我们深知，任何一个学科的教育教学都是一个复杂的、开放的、动态的系统。相比之下，我们每个人的视野都太有局限性了，费九牛二虎之力捕捉到的也许只是这个系统的一鳞半爪，甚至是幻影假象。何况中学生物学教育领域需要研究的问题和已经涌现的成果，绝不仅限于本丛书所囊括的九个方面。好在世界上完美无缺的事物是不存在的，正如没有一种生物能够完全地、绝对地适应环境一样。如果本丛书能够给广大同行一些理论上的启发和行动中的参照，能够为我们情之所系的生物学教育事业增砖添瓦，我们就甚感欣慰了。至于书中的偏颇疏漏之处，还望读者批评指正。

赵占良

2021 年 7 月 31 日

# ○ 前　言 ○

本书是一本针对中学生物学课堂教学行为研究的专著，因此，写起来并不轻松，要写好自然更难。在本书撰写的过程中，笔者有以下考虑。

第一，本书的主旨是探讨中学生物学课堂里的教学行为，希望所讲内容能让教师在做教学诊断和自我提升时用得上。因此，除非涉及基本概念，本书尽量少介绍教育学理论，有直接关系需要介绍的也尽量简要。现在教育学的大作已经非常多，有的书还非常厚，市场上不缺关于教育教学理论的著作。笔者既不想对多种教学理论做综述，从而使本书成为理论大全，也不考虑完全遵从某一流派的理论，以这一理论来指导教学行为的分析。在教育理论家看来，本书的理论可能存在碎片化的问题。当然，这可能是客观的。因为，笔者本来就不是教育理论家，对高深的理论、前沿的心理学研究和综述也不在行，再者，笔者在写作时也不追求理论的完整性。

第二，本书也不准备对课堂之外对教学产生影响的因素有过多的关注。例如，教师和学生的性别因素、学生的家庭状况等，这些因素对教学一定是有影响的，但这不是本书所关心的。本书仅聚焦课堂的教与学，不讨论那些离课堂有一定距离，但对教学有重大影响的社会因素。

第三，本书探讨教学行为，虽然兼顾学生的学，但是聚焦在教师的教。本书聚焦于教师在课堂里的教，即便介绍有关学生学习的内容，也是为了便于教师更好地理解应该怎样起到正向作用。当然，这不等于笔者不关注学生的学，只是本书并不是聚焦于有效学习，而是从行为研究的角度，探讨以教促进学。我们坚信，教师能够通过改进教来促进学，好的教师一定会将良好的教的行为转化为促进学生高效率学习。

第四，从隐含的对课堂教学行为进行改进的目的来看，一方面，本书关注知识学习和能力提升，因为有效的教和学，必然是促进学生对知识的记忆、理解、应用的；另一方面，本书也尽量关注教育的终极目标，本书所关注的教学行为的有效，应该比关注学生学业成绩的提高有更宽广的视角。也就是说，对于生物学课堂里教学行为的改进，我们是以促进学生的发展为宗旨的。因此，有些教学行为在提升学生考试成绩时似乎不那么有用，但是，如果它能给学生带来独特的、有意义的体验，那么，就不应该简单地否定它。

第五，撰写本书时，笔者非常重视实证。本书在以笔者曾经做过的教学行为实证研究为基础的同时，还尽量吸纳已有的教育心理学的研究成果，注意借鉴已有的关于教学行为研究与实践的经验。在获取资料时，凡是“研究证实”“实践表明”的结论，本书予以优先关注。当然，课堂教学要完全用科学来解释，或者完全用行为分析来解读并提出改进策略，在目前甚至未来一段时期内，都可能是非常困难的。重视实证方法，但又不完全局限于实证手段，才有可能改善我们的教育。课堂中的儿童和教师是有意识、有情感和有目的的人，因此，对人的行为的解释不可能是完善的。[1]关于行为的研究，想完全用科学来分析因果关系，以及用行为分析数据来解释课堂里的一切，在相当长的一段时期内恐怕都未必能做到。笔者撰写本书时，不排斥，甚至也无法排斥思辨的方法。

第六，本书在有一定新意的同时，肯定会存在相当多的不足。因此，请允许笔者尝试说有意义的“错话”。现有的探讨课堂教学、教学行为的著作已经有不少，但是探讨生物学课堂教学行为的很少。本书尝试将生物学课堂教学与共性的课堂教学行为、课堂有效教学等理论对接，一方面，要考虑共性，另一方面，也要考虑生物学学科本质和独特的教育价值。因此，如何找到结合点并对接，是较有挑战的事情。说实话，笔者在开始写这本书时内心是非常惶恐的。原因是，目前关于生物学课堂教学行为的研究，国内外都非常少。笔者虽然做过一些有关工作，但是对于生物学课堂教学行为的认识远远谈不上深入。可以想见，要写好本书是非常难的。但是，转念一想，既然目前研究不多，那就说明写作的

---

[1] 彭正梅．寻求教学的“圣杯”：论《可见的学习》及教育学的实证倾向 [M] // 哈蒂．可见的学习：对 800 多项关于学业成就的元分析的综合报告．彭正梅，邓莉，高原，等译．北京：教育科学出版社，2015：译者序 11.

限制也不多。再者，这个话题在我们教育系统中，在中学生物教育界，特别有必要拿来研究。有必要做的事情，做出错误的尝试也未免没有意义。有句话说得好，“与其说一百句百分之百正确的废话，还不如试着说一句有价值的错话”。因此，本书尝试探索，敢于说有意义的“错话”。书中的内容难免会有不恰当或者错误之处，其中的观点未必都对。如发现有错漏之处，敬请读者批判地接受其中的观点，并恳请告诉笔者，以便笔者及时改正错误！

本书之所以能够写成，在很大程度上是因为笔者曾经在十多年前参与了国家社会科学基金“十一五”规划（教育学）青年基金课题“课堂教学行为分析与评价的实验研究”，笔者所做的“中学生物课堂教学行为分析的实验研究”子课题，是该课题多项子课题中的一项。课题总负责人是笔者的同事丁朝蓬编审、研究员。丁朝蓬女士对这项研究课题做了整体规划，付出了大量的辛勤劳动。这项研究课题，为笔者打开了一扇大门，由此开启了笔者对中学生物学课堂教学行为的研究。在本书即将出版之际，衷心感谢丁朝蓬老师！课题结题后，笔者对中学生物学课堂教学行为的分析、改进问题予以持续关注，并在多所师范大学和许多省市教研部门的“国培班”上就此问题做过分享。经过这些年的不断反思、总结，才有了本书。

鉴于本书探讨的中学生物学课堂教学行为需要有理论指导，但不能只是从理论上分析，也特别需要结合课堂教学实践来讨论。因此，本书由两位作者合作完成。其中，第二作者平亚茹是北京一零一中学生物特级教师、正高级教师，有丰富的课堂教学经验。平亚茹老师执笔的“基于教学行为分析的课堂教学改进探索”一节，正是基于她多年的生物课堂教学积淀，通过生动的案例来阐述的。本书得以完成，依靠的是两位作者的优势互补。

最后，感谢丛书主编赵占良老师对我们的信任，感谢赵老师吸纳我们参与丛书编写并给我们安排了这样一个富有挑战性又很有价值的写作方向！感谢广西教育出版社对书稿写作、编辑出版的支持！

谭永平

2021 年 4 月 30 日

# ○ 目　录 ○

绪论

# 研究课堂教学行为很重要

教育成功与否，最终决定于全体教师的态度。

——联合国教科文组织《教育的使命》

积行成习，积习成性，积性成命。

——中国谚语

说到中学生物学课堂，那是我们生物教师最熟悉的地方。我们在课堂里教，学生在课堂里学习，讲授、对话，实验、探究，一切都是那么自然。说到课堂，教师们可能有无限的话题可谈。日常教研活动中的听课、评课，我们也经常在进行着。熟悉的事物，我们不妨换一个角度来看——从对课堂里发生的行为进行分析的角度、从科学实证的角度。当我们转换视角时会发现，熟悉的课堂竟然又是那么陌生。我们可以试着追问以下问题，看看我们究竟能回答多少：课堂里究竟发生了什么样的教学行为？怎么去量化分析一节课的行为组成和结构？怎样解析教师的教与学生的学之间的关系？用科学方法去解析教师的教，该怎么做？学生在课堂里怎样学才是真正有效的？能不能用科学方法去研究课堂里的因果关系？如果能，又可以怎样去开展？

你是否忽然发现，自己每天面对的课堂竟然不是那么熟悉了。

## 一、教学行为是课堂教学的基本单位

如果要给课堂教学过程下定义，可以认为，课堂教学过程是教师引起、维持以及促进学生学习的所有行为[1]。

从系统的角度去分析，课堂教学是由教师、学生、学习内容、教学环境所组成的整体。在课堂上，教师与学生、学生与学生，以及教学环境、学习内容，共同构成一个“场”。教师的言行、内容的传递、学生的举止、环境的建立，就是在这个“场”里发生的，它们共同生成课堂。

每天，教师可以带着美好的教育信念走进教室。但是，美好的教育信念只潜藏于内心，课堂里学生能感受到的却是教师的一言一行。说到底，教师在课堂里不是直接用“信念”来教学，而是用“行为”来工作。每天，学生带着美好的憧憬和努力学习的意愿坐在教室里学习，但是，美好的憧憬和努力学习的意愿未必会转变成素养的发展，只有行为的积累才会转变为素养的发展。教师努力地教，是通过行为在教，学生不能直接看到教师头脑里美好的信念。从教师教的角度看，教学行为是教师的教学理念、专业知识、专业情意、实践智慧等内隐素质的凝聚和外显化，是具体的可操作的行动方式。[2]教师对学生学习的判断，也主要是依据学生的行为表现。在课堂上，教师看不到学生头脑里的变化，看不见学生头脑里的憧憬。学生是否在学习、学习效果如何，教师是通过他们的行为及行为结果来判断的。对错综复杂的教学行为动态变化加以分析，教学过程变得可以感知，课堂就表现为可见的讲述与聆听、提问与应答、阐释与分辨、辅导与练习等。[3]因此，观察课堂里发生的教与学，其媒介是而且只能是“行为”。

无论多么美好的教育理念和信念，如果不能转化为课堂优良的教学行为，就不能促进学生的学习。有教育机构研究发现，教育观念的变化并不必然带来教学行为的转变，甚至有可能导致能说但不能做，或者说一套做

---

[1] 施良方，崔允漷 . 教学理论：课堂教学的原理、策略与研究 [M]. 上海：华东师范大学出版社，1999：前言 .

[2] 段作章 . 论教学行为的内涵与特点 [J]. 教育科学研究，2015（2）：27-31.

[3] 柳夕浪 . 课堂教学临床指导 [M] . 3 版 . 北京：人民教育出版社，2011：4.

一套、言行脱节等现象。[1] 如果教师不能主动地分析自己的课堂教学行为，就难以反思自己的教学行为与自己的教学理念之间的差异。没有对教学行为的反思，教学行为的改进也就缺乏了自觉。教师的教学反思与提高，最终要通过教学行为改进来实现。

一方面，教育观念的转变可以影响教学行为；另一方面，教学行为的积累也可以影响教育观念。“知”与“行”本来就是一物；知行同一：知之真切笃实处即是行，行之明觉精察处即是知；“知是行之始，行是知之成”[2-3]。从某种意义上看，教学行为既承载着理念又会改变理念，行为的日积月累会影响教师的教学行为。改进教学行为，最终会改变教学理念。因此，教师改进教学行为，最终会使得自己内在教育素养提升。

从学生学习的角度看，学生的学习是课堂里的核心。那么，什么是学习？心理学认为，学习是基于经验而使行为或行为潜能发生相对一致变化的过程。这个定义，有三个需要注意的地方：一是学习是基于经验的过程，学习只有通过经验才会发生；二是学习是行为或行为潜能的变化，行为表现的进步或行为潜能的改变才说明学习真的发生了；三是相对一致的变化，即学习后行为或行为潜能的变化必须在不同场合表现出相对一致性。[4]

可见，按照心理学关于学习的定义，学习的过程、结果，都与学生的行为密切相关。学生对学习方法的掌握，最终也是通过学习行为来实现的。实际上，任何关于“教”的定义都必须包括对学生行为的作用，如果一个人的“所做”影响了另一个人的“做”或“能做”，那么“教”就发生了。[5] 可见，无论是研究教师的教，还是研究学生的学，都必须重视对学习行为的研究。

---

[1] 段作章 . 教学理念如何走向教学行为 [M]. 上海：华东师范大学出版社，2015：13.

[2] 王阳明 . 传习录 [M]. 王学典，编译 . 北京：蓝天出版社，2007：37.

[3] 冈田武彦 . 王阳明大传：知行合一的心学智慧（中）[M]. 钱明，审校 . 杨田，冯莹莹，袁斌，译 . 重庆：重庆出版社，2015：11-18.

[4] 格里格，津巴多 . 心理学与生活：第 19 版 [M]. 王垒，等译 . 北京：人民邮电出版社，2014：158-159.

[5] VARGAS J S. Behavior analysis for effective teaching[M]. New York: Routledge, 2009: 5.

在某种程度上，“生命就是行为”[1]。因此，我们可以把教与学的行为看作是课堂教学内在结构的“细胞”。分析课堂教学，就需要分析教学行为。

## 二、教学行为分析让教学的艺术中多些科学

我们经常说，课堂教学既是科学，也是艺术；教学是一门有缺憾的艺术，因为很多的课都无法做到完美……每一堂课都是由不同个性特征的教师和个性多样的学生共同生成的，每一堂课都是不可完全复制的，有艺术特质；同时，教学有科学规律可以探寻，因此，它是艺术也是科学。

不可否认的是，我们在目前的听课、评课，以及教师的教学反思等活动中，更多的是注意到课堂教学的艺术性，从科学的角度去分析，特别是从科学的角度去研究课堂教学的，却不太多见。科学元素在课堂教学研究中的缺乏，其外在表现有很多种，以下是其中几种。

在评课议课的时候，很多老师在发言时，会说“我觉得”“我认为”，从主观感受的角度去讨论；在寻找支持观点的理由时，举例论证的方式也不少见。因此，同一节课由不同的专家来评价时，结论很可能截然不同，有的专家评课更是评得让人摸不着头脑。

在教师进行教学反思时，很多时候也只是从主观感受的角度去思考课堂的优缺点。有的时候是先有理念，再找表现。这样的反思，看起来似乎很辩证，但其实仍是在举例论证的套路里。

在我们的教学经验里，有时候会出现“教得这么尽心努力，可是为什么学生没有学会”的困境，我们经常为此而苦恼。可是，我们在分析的时候，经常会给出似是而非的所谓理由。正如本杰明·富兰克林（Benjamin Franklin）所说的，人们总是在寻找虚假原因，而不是那个真正的原因。我们在做这类分析时，似乎是在进行科学归因，实际上只不过是在做没有说明意义的“说明”。比如，在经过高中关于“光合作用的过程”的课堂

---

[1] 罗斯 . 大脑的未来：神经科学的愿景与隐忧 [M]. 尚春峰，许多，译 . 北京：科学出版社，2016：16-18.

教学之后，学生没有真正掌握光合作用的过程，特别是对于其中涉及能量转变过程的内容仍是似懂非懂。我们在分析的时候，经常会找出这些原因：

光合作用的过程这样的知识难以联系生活；

光合作用的过程这样的知识太抽象了；

光合作用过程中能量的变化太复杂了；

学生觉得光合作用过程的知识难学；

学生缺乏学习光合作用过程所需的知识基础；

……

在教学实践中，我们很难去验证这些所谓的原因是不是"真的原因"。即便是验证了这些原因是成立的，对于提高光合作用教学的有效性，也未必可以作为基础参考。

我们可以转变思路，从关于光合作用的教与学是怎么进行的去展开分析：

我们提供了哪些事实？如何根据这些事实阐述光合作用的过程？

我们问了哪些问题？这些问题之间有什么关联？学生回答问题时存在什么困难？

我们组织学生讨论了些什么问题？这些问题的结论如何促进学生理解光合作用的过程？

在讲述的时候，是采用逐渐分化还是同化顺应的方法来建构概念？

当然，进一步分析，我们还可以问：问题是问的谁？讲述的时候是站在哪里讲的？……

做这样的追问和分析，我们可以了解在学生学得不太好的课堂里究竟发生了什么，这堂课里的教与学是如何演进的，又是如何关联的。这样的归因分析，我们可以用科学方法去验证。也就是说，要了解课堂里真正发生了些什么，教学行为分析是一种可用的科学的研究工具和方法。

通过观察、记录、分析课堂教学行为，可以发现教学中存在的问题，总结高效教学的经验，为教师改进教学行为、提高教学技能、提升教学效率提供事实依据，也有助于提高学生的学习效率。

有学者指出，在教学研究中或在对教学现象、教学问题的观察中，有两种基本的方法：一种是“应然”的方法，一种是“实然”的方法。所谓“应然”的方法就是研究教学应该如何的方法，所谓“实然”的方法就是研究教学实际上如何的方法。所以，“应然”的方法是一种从原则出发进行演绎和推理的方法，而“实然”的方法是从实际出发进行分析、综合和概括的方法。这两种方法在研究中本来是可以相互补充的，但这种相互补充必须要以“实然”的研究为基础。[1] 简单地说，我们经常没有了解课堂里真正发生了什么，就强调“课堂教学应该这样进行”。

关注课堂教学行为吧！老师和学生，都将从中获益！

[1] 李松林 . 论教学研究中的教学行为分析方法 [J]. 首都师范大学学报（社会科学版），2005（1）：109-113.

第一章

# 教学行为的研究方法

教学行为的分析既然那么重要，那么，如何对教与学的行为进行分析呢？分析只是做客观描述吗？显然，只是记录课堂里发生了什么还不算是分析。《现代汉语词典》里对“分析”的解释是：把一件事物、一种现象、一个概念分成较简单的组成部分，找出这些部分的本质属性和彼此之间的关系。对课堂里教与学的行为进行分析，一定要做客观描述，知道课堂里究竟发生了些什么，这是分析的前提，但是分析一定不是只做描述，而是拷问事实，追问课堂里教与学是怎么发生的，它为什么会发生，它又有什么意义。

## 第一节　教学行为研究简史

“教学行为”，是“教学”与“行为”两个词的组合。探讨教学行为研究的历史，可能需要先理清教学和行为两个词的含义。

### 一、对教学意义的追问

我们先来看一下什么是教学。也许有的教师会说，我们每天都在进行着教学，还有必要讨论什么是教学吗？虽然咀嚼概念与理论是很乏味的事情，而且本书也不打算对理论做长篇大论，但是，本书后续内容要对“教学行为”问题进行探讨，“教学”是核心概念，是基石。如果不对基础概念做必要的展开分析，后面的讨论往往是难以深入的。生活经验和教育实践也一再告诉我们，熟知的未必深知。因此，探讨教学究竟是什么，恐怕有一定的必要性。

人类的教育教学活动绵延了几千年，关于教学概念的阐释，也多样而驳杂；现实中关于教学的理解，也不乏粗糙和有失偏颇之处。当前我国中学生物学教学论的一些著作中，关于什么是教学、教学的原理和教学的原则等的论述并不太多。因此，本书在探讨教学行为问题之前，先简略讨论一下有关教学的理论问题。

#### （一）教学的哲学解释

有关教学的研究，在揭示教学的含义时，研究者往往从哲学的角度来进行。从哲学的角度来探讨教学的含义，有助于我们更深刻地认识教学的本质。我国教育界从哲学角度对教学概念的解释，大致可以分为以下四种类型。

从教师、教育者的角度来界定，如“教学是传授知识技能”“教学是经验的传递”；从学生学的角度来界定，如“教学是学生在教师有目的、有计划的指导下，积极主动地掌握系统的文化科学基础知识，同时发展智能和体力，并形成一定思想品德的活动”；从教师和学生协同活动的角度来界定，如“教学是由教师的教与学生的学组成的一种教育活动”；从教师的教和学生的学二者的关系角度来界定，如“教学即教师引起、维持、促进学生学习的所有行为方式，是教师行为而不是学生行为”。

我们可以从系统分析的角度去探讨：教学过程是由教师、学生、教学内容三个构成要素和目的、方法、环境三个影响要素整合而成的。从系统组成的角度看，教师、学生在课堂里面对相同的教学内容时，任务不同、目的不同，但是每个组成要素都是不可或缺的。三个影响因素既相互独立地通过对构成要素的促进或抑制而发生作用，又会发生交叉、共同影响。因此，影响因素也是深入嵌合到教学过程中的。

说到这里，我们可以尝试给教学一个简单明确的概念：教学是教师与学生以课堂为主渠道的交往过程，是教师的教与学生的学的统一活动；学生通过这个交往过程和活动，掌握一定的知识技能，形成一定的能力态度，人格获得一定的发展。

### （二）教学的心理学解释

在对教学进行解释时，从哲学的角度来进行探讨是必要的，因为理解教学究竟是什么，它有什么目的，能够给我们以宽广的视野和较高的站位。与此同时，我们也要重视从心理学角度来阐述教学的必要性。因为，如果关于教学的探讨仅仅局限于哲学的角度，就有可能使教学日益脱离教学实践，从而“走向教学是什么的哲学思辨的‘形而上’的空中，忽视怎样教学的心理学操作层面‘形而下’的教学实践”。

从心理学的角度对教学做出的定义不太多，较有影响的定义有：“经过设计的，外在于学习者的一套用于支持内部学习过程的事件”（加涅）；“为帮助其他人习得一种新的性能所做的任何事情”（瑞斯尼克）；“嵌于有目的活动中的促进学习的一套事件”（加涅）。

类似上述关于教学心理学的诸多解释中，首先，教学被界定为外在于学习者的事件，其作用是支持、促进学习者的学习；其次，教学是有意识、有目的的，它指向的是支持和促进学习者的学习，而不是盲目和无意识的；最后，承认教学事件的主体多样，广义的教学事件既可以是教师发起的（此即狭义的教学），也可以是由文字材料、图片、电视节目生成的，以及由多种物理的客体联合所生成的或者学生安排的。

本书探讨的教学行为问题，实际上与教学的心理学解释有密切关系。有关内容，我们在后文还会结合具体教学行为的分析做讨论。

### （三）教学原理和教学原则

原理通常指科学的某一领域或部门中具有普遍意义的基本理论。从原理出发，可以推演出各种具体的定理、命题等，从而对进一步实践起作用。那么，教学原理就可以看作是关于教学的、具有普遍意义的基本理论。

泰勒的《课程与教学的基本原理》中，关于教学的基本原理，是围绕四个核心问题提出的：学校应该达到哪些教育目标？提供哪些教育经验才能实现这些目标？怎样才能有效地组织这些教育经验？我们怎样才能确定这些目标正在得到实现？这四个问题可简化为：（1）确定目标；（2）选择经验；（3）组织经验；（4）评价结果。可以看出，他所指的事实上是关于编制教学计划的、前后有序又相互联系的程序原理。泰勒原理在世界范围内产生了深远的影响。

裴娣娜等在《现代教学论》中，对教学原理做了系统阐述，主要内容概述如下[1]。

发展性教学原理：通过教学活动促进学生发展是现代教学最基本的价值追求。如何使教学成为发展性教学呢？第一，要坚持正确的发展观念，即坚持积极的发展观，乐观地评价学生的天性，相信学生内心潜藏着巨大的发展能量，坚信每个学生可以获得有效发展。第二，要有强大的学习动力。学生能否全面发展，本人是否努力是关键，因为学生是教学认识的主体。第三，教师的创造性劳动是重要条件。第四，优化学生的主体活动是教学促进学生发展的落脚点。第五，要优化教学内容。

[1] 裴娣娜 . 现代教学论：第 1 卷 [M]. 北京：人民教育出版社，2005：175-189.

教育性教学原理：教育性教学和教学的教育性是现代教学的重要追求。教育性教学问题的实质，是教学与学生的德行发展之间的关系。教学虽然对学生的德行发展产生作用，但同时，这种作用是有限的、有条件的。

建构性教学原理：基于对学生心理发展机制的认识，现代教学论认为，教学要促进学生的发展，就必须走建构性教学的道路。第一，需要认识学生的主体结构，对学生心理结构的知识结构、智力因素、非智力因素、品德因素四个子系统进行深入研究，努力发展学生的主体结构。第二，把握和设计好教学内容的基本结构，促进内容结构与心理结构之间形成有效的张力。第三，把握好学生的活动，通过优化学生的主体活动来促进学生心理结构的建构。

社会性教学原理：教学活动是一种特殊的社会现象，其本身就是一种社会活动，有着内在的社会关系、社会规范、社会互动。也就是说，教学具有社会性。这就需要把教学活动视为社会整体的一部分，需要在动态的社会发展进程中把握教学活动的社会历史性，需要揭示教学活动与社会各个子系统之间的复杂关联，并把教学系统作为一个独特的社会子系统来把握。

探讨教学原理，有助于我们站在一定的高度来审视教学活动，探讨教学是否与学生身心发展的规律吻合，从而对推进教学改革、优化教学活动、促进学生的全面发展产生积极作用。然而，教学原理毕竟是宏观和抽象的，它只要说明教学的规律就可以了；它可以较多地包含思辨，不一定要考虑如何具体地解决教学矛盾。如果要在教学活动中反映教学规律，符合教学原理，还应该列举若干教学原则。一般来说，教学原则不仅反映教学规律，还会提出解决教学矛盾、转化教学矛盾的具体行为准则。

教学原则是教学所依据的法则和标准，是为了提高教学质量，根据教学目的、教学规律和教学实践提出的，既能指导教师的教，也能指导学生的学。

此处无意一一列举诸多教学原则，仅从近年来阐述教学原则的两个不同角度出发，略作讨论。

李方等针对许多教学原则是“泛教学原则”，不能转化教学矛盾，而只是对教学总的目的、任务以及教学规律的直接演绎的情况，在参考王道俊等《教育学》中有关论述后，提出以下具体的教学原则：科学性和思想性统一原则，理论联系实际原则，直观性原则，启发性原则，因材施教原则，主体性原则，美感性原则等[1]。这些原则的含义并不难理解，本书不拟赘述。

王小明则针对当前教学论教学原则主要为哲学取向的情况，运用心理学的研究成果，引进教师教学经验的支持，提出了以下教学原则[2]：

目标导向原则，根据学生原有知识进行教学的原则，激发与维持学生动机原则，充分利用工作记忆（即短时记忆）容量原则，提供反馈原则，适应学生个别差异原则等。

从读者的角度看，上述这些关于教学的阐述可能已经有点多了。但上述关于教学理论的探讨，对于以下我们讨论教学行为，以及进一步探讨教学行为的分析和改进，却可以提供基本的背景。

## 二、教学行为与课堂教学研究

### （一）教学行为的定义

关于“行为”一词的含义，现代心理学认为，人类的行为，是基于特定的欲求，为了实现特定的目标，并选择各种各样的手段去实现目标的活动。[3] 在讨论课堂教学时，我们所关注的行为是指在课堂里，教师和学生发生的可观察和可测量的事件，既包括人的生理变化、肌肉动作、语言，也包括人的活动所形成的产物，如各种作品。[4]

关于教学行为，目前有不同的定义。

有学者认为，教学行为指“教师在教学过程中，依据教学经验和教学

---

[1] 李方．课程与教学基本理论 [M]. 广州：广东高等教育出版社，2002：248-258.

[2] 王小明．教学论：心理学取向 [M]. 上海：上海教育出版社，2005：86-105.

[3] 佐伯茂雄，野野村新，田之内厚三．现代心理学概述 [M]. 郭祖仪，译．芦翠雪，校．西安：陕西师范大学出版社，1985：4.

[4] SCHLOSS P J, SMITH M A. Applied behavior analysis in the classroom[M]. 2th ed. New York: Pearson, 1998: 2.

内部关系，对实施中的可操作因素的选择组合、运用和控制的工作行为。它包括对各种教学要素的专业理解与教学运行中的设计、程序、手段、方式和方法”[1]。有学者把教学行为定义为：教师在教学活动中，对其能有效地完成教学任务，实现教育目标的能力的自觉与信念。它是教师经过专业化训练和在实践中形成的教育思维、认知结构、人格特征及与之适应的行为方式的总和。[2] 这是从教师“教”的角度去下定义。

我们认为，课堂教学行为，既包括教师的教，也包括学生的学，凡是课堂上发生的教师和学生的所有可见的行为，都应该纳入教学行为的范畴。这一定义，属于教学行为的广义定义，它把课堂里教师与学生之间、学生与学生之间发生的所有行为都纳入观察与分析的视野；同时，这里所说的教学行为，是可观察到的行为，它区别于教师和学生头脑内部发生的认知和情感过程。

我们在讨论“教学行为”时，既指教师的“教”，也指学生的“学”。本书在“教学行为”语境中说到的“教学”，可能指教师的“教”，也可能指“教与学”，对这二者我们不做明确的区分。

### （二）课堂教学研究

“课堂教学研究”的范围比较广，既包括研究设计，也包括如何在课堂中进行数据采集。

1. 研究设计

从研究设计来讲，有实验研究、相关研究、教育人种志（educational ethnography）等研究设计思路。

采用实验研究的主要是“过程—结果”模式的研究者，他们运用单被试设计（single-subject design）来考察某种教学行为的采用是否会改善学生的行为表现。常用的几种单被试设计有 ABAB 设计（A 代表基线，B 代表实验处理）、反向设计（reversal design）、多重基线设计（multiple

---

[1] 傅道春 . 教学行为的原理与技术 [M]. 北京：教育科学出版社，2001：1.

[2] 唐松林 . 教师行为研究 [M]. 长沙：湖南师范大学出版社，2002：7.

baseline design）。[1] 它通过比较被试者接受实验处理前后的差异，来确定实验处理的效果。它的特点是采用类似于科学实验的方法，通过人为改变某行为来观察行为改变后的学习结果，从而获得对行为与结果关系的认识。

相关研究则不对变量进行控制，只是探索多个变量之间的相关关系。比如，通过探讨各种教师特征、课程特征、学生特征与教学有效性之间的相关性来识别影响有效教学的因素。再如，研究者首先调查大量教师和学生对有效教学特征的意见，然后对这些意见进行编码、分类，并采用判别分析、因素分析等方法提取出影响有效教学的关键特征，进行课堂观察、记录，然后对行为之间的关系、行为与结果的相关性做分析。

教育人种志是用来描述教育环境和背景（educational settings and contexts），从而产生理论、评价教育方案的研究设计。这种方法提供了有关情境、活动、研究参与者的教育信念等丰富的、描述性的数据。[2]教育人种志不同于前两种设计，是一种质的研究设计（qualitative design），它十分强调研究者在自然情境中与被研究者互动，研究者不做任何预先假设地进入研究现场，与被研究者深入交流，收集数据，在原始资料的基础上建构研究的结果或理论。[3]

2. 课堂数据采集

对课堂进行数据采集的方法，有直接观察法、调查法、访谈法，每种方法都有定量和定性之分。

采用直接观察法一般需要事先对课堂教学行为进行分类，在课堂里对特定时间段内出现的行为类目进行记录。对行为进行分类的方法有很多。例如，教师行为可分为一般观察，针对性观察，鼓励，言语教学（信息、概念、提问），一般性表扬，针对内容的反馈，管理，谴责，社会性评论，

[1] ALBERTO P A, TROUTMAN A C. Applied behavior analysis for teachers[M]. 7th ed. Upper Saddle River, NJ: Pearson, 2003: 134-139.

[2] LECOMPTE M D, GOETZ J P. Ethnography and qualitative design in educational research[M]. 2th ed. San Diego: Academic Press, 1993: 7.

[3] 陈向明 . 质的研究方法与社会科学研究 [M]. 北京：教育科学出版社，2000：23.

与教学无关的行为；学生行为可分为听讲，提问，回答问题，帮助（同伴、教师），组织，个人活动（看图书、削铅笔），等待，与任务无关的活动（说话、干扰他人），人际互动；环境要素（或课堂情境）可分为个人行为、小组行为、全班行为、教学帮助。[1] 观察者直接将这些自己所见的外在行为记录下来，并对这些记录结果进行分析。有的研究则可以通过分析，获得各种行为出现频率、发生时间、所占比例等数量信息，从而对课堂教学进行评价。

实际上，这类方法类似于科学研究中的观察和调查，是通过观察和研究对象的行为、行为结果来分析的。

笔者曾经做过的生物学课堂教学行为研究，就主要是采用直接观察法，同时结合实验法来开展的。

## 三、国际上关于教学行为研究的发展简史

关于教学行为的研究，早期并没有成为一个专门研究领域，但在教师行为研究中可以看到有关论述。美国学者克雷茨从教师教学效能出发，探讨教师人格特质及教学行为。通过对各类人员进行关于优良教师品质的意见调查，制定出高效能教师的特征量表，作为培育师资的参考和优化教师行为的依据。[2]

苏联生理学家伊万·巴甫洛夫（Ivan Pavlov，1849—1936）在研究消化生理时，意外地发现了条件反射。这一发现，使得人类对行为的理解朝向科学的方向前进了一大步。[3] 巴甫洛夫的发现，极大地促进了心理学的发展。1904 年，巴甫洛夫获得诺贝尔生理学或医学奖。

从行为的角度对课堂教学开展系统的研究，最早可以追溯到20世纪初约翰·华生（John Watson，1878—1958）创立行为主义心理学派。1913

[1] SHARPE T L, KOPERWAS J. Behavior and sequential analyses: principles and practice[M]. Thousand Oaks, CA: Sage Publications, 2003: 43-72.

[2] 闫龙 . 课堂教学行为：内涵和研究框架 [J]. 全球教育展望，2007，36（Z）：39-44.

[3] PIERCE W D, CHENEY C D. Behavior analysis and learning: a biobehavioral approach[M]. 6th ed. New York: Routledge, 2017: 16-17.

年，华生发表了《一个行为主义者眼中的心理学》。华生认为，应该放弃内省法（人们对感觉、表象和情感的言语报告，因为它太主观了），心理学的主题应该是可观察的行为，心理学的首要目标是“预测和控制行为”。斯金纳（B.F.Skinner，1904—1990）继承并发展了行为主义理论，强调寻找学习和行为的环境决定因子。这一理论成为行为分析（behavior analysis）的哲学基础。[1]

20 世纪 50 年代末至 60 年代初，关于课堂教学的研究，有了以斯金纳行为主义理论为根基的应用行为分析（applied behavior analysis），从行为的角度考察课堂教学的过程以及学生达到教学目标的成果。

20 世纪 60—70 年代，对教师教学行为的研究，开始探讨教学行为与教学效果的关系，通过教学行为的分析为教师改进教学提供参考。其中，盖格（Gage）使用“过程—结果”法，用外显的行为表现去考察教师的教学效果，通过研究教师的课堂教学行为，将教师的行为表现（过程）与教学效果（结果）联系起来比较。[2] 这样的过程—结果模式（process-product model）在 20 世纪 70 年代达到顶峰，其研究成果至今仍然显示出生命力，对教师的教学有着实质性的影响。

这一模式的研究，以可观察的行为或事件（包括教师的行为、学生的行为、环境条件等）为研究对象，其基本假设是：课堂上发生的教学过程会影响学生的学习结果（包括学科成就、社会性行为等），教学过程是通过可观察的师生行为、师生互动体现的。研究的目的是识别确定有效（能提高学生学习效果）的教学行为（effective teaching behaviors）。

这一模式的研究，非常重视对课堂教学行为的观察、记录和分析，它采用的是结构观察法，即先对教学行为进行分类，再根据观察记录到的各类行为出现的次数、分布状态等进行分析，得出教学行为研究的结论。因此，观察、记录、分析的技术和方法，对这一模式的研究影响甚大。

---

[1] 格里格，津巴多 . 心理学与生活：第 19 版 [M]. 王垒，等译 . 北京：人民邮电出版社，2014：159-160.

[2] 闫龙 . 课堂教学行为：内涵和研究框架 [J]. 全球教育展望，2007，36（Z）：39-44.

从对课堂教学进行行为分析研究的方法与手段看，早期的研究在教室中边观察边记录，而课堂瞬息万变，不同的观察记录者要保持记录、分析的一致性是非常难的。因此，当录音、录像技术出现后，马上为行为分析研究者所采用。采用录像方法代替课堂的现场观察，具有很多优越性，从而大大地促进了行为分析研究。从对数据的分析来看，在计算机技术出现之前，对所记录的观察数据进行整理和分析主要靠人工操作，非常烦琐、枯燥。在计算机非常普及的今天，电脑被广泛应用于对这些数据的处理和分析，大大节省了人力、提高了效率。当前，已经有不少机构开发了专门用来进行课堂观察和数据分析的软件，其中有些软件还相当好用。[1]

课堂教学行为研究发展历程中，过程—结果模式的影响很大，这一研究模式对课堂教学研究的主要贡献有：（1）明确区分了教学过程和教学结果，并采用可行的方法对两者分别进行研究，在此基础上寻找两者之间的因果关系，使得对教学过程（process of teaching）的研究更加深入；（2）选择了可直接观察、可定量测量的行为作为研究教学过程的指标，使得教学研究成为可重复、可验证的科学活动，开辟了教学研究的科学化道路。人民教育出版社编审丁朝蓬老师曾说：“从目前心理、教育研究的发展水平来看，还没有比行为更好的指标来描述研究教学过程中的现象。”过程—结果模式下的教学行为研究，对后来的课堂教学产生的影响是深远的。被人们广为接受的有效的教学技能、有效的教学特征，基本都受此理论和相应研究结果的影响。本书后续的有关内容，也深受此研究模式的影响。

以下是受过程—结果模式影响而为大家认可的几种有效的教学方法、特征。

有些教师在教学基本知识和技能时会使用以下方法：（1）在一节课的开始先简短回顾前面的学习内容；（2）在课的开始简短说明教学目的；（3）以“小步子”呈现新的教学材料，在每一步后给学生提供练习；（4）

---

[1] SHARPE T L, KOPERWAS J. Behavior and sequential analyses: principles and practice[M]. Thousand Oaks, CA: Sage Publications, 2003: 73-116.

给学生清楚详细的指导和解释；（5）为所有学生提供高水平的积极主动的练习；（6）通过提问，检查学生的理解情况，并获得每个学生的反应；（7）在起初的练习中给学生指导；（8）提供系统的反馈和改错；（9）为课堂练习提供外显的指导和练习，在必要的时候监控学生的练习。[1]

有效教学有以下特征：（1）教师建立起个别化的教学程序。A.教师接受这样的教学理念，即绝大多数学生都是有能力学习的。B.教师接受这样的理念，即找到恰当的教学策略和材料帮助学生学习是教师的责任。C.教师对他们所教的课程非常了解，能够确认具体详细的教学目标并将其序列化，能够设计或找到适当的课程材料。D.教师发展这样一种教学体系，它允许学生以自己的步伐和速度前进。只有当学生已经达到了当前的目标，教师才会让学生进入下一个序列目标。（2）教师不断地运用教育评价方法和教学决策帮助学生学习。A.教师建立起一套内容掌握的标准，这个标准详细列出准确的和流利的行为表现。B.教师采用评价策略直接地、定期地（最好每天）测量所教的行为。C.教师定期考察学生的行为表现数据（至少每6天一次），应用决策来确定学生是怎样进步的和下一步应该做些什么（可能的选择包括前进到一个新目标，变换教学手法，继续当前的课程）。（3）教师应用能够加强学生行为表现的教学手段。A.教师使课堂活动结构化，使学生投入学习的时间尽可能地多，增加学生做出反应的机会。B.教师确认和利用现有资源（同伴、志愿者）来帮助实施自己的教学策略。[2]

20 世纪 80 年代以来，课堂教学研究有了新的理论，如认知主义、建构主义理论等。认知主义理论不再将学习看作外在行为的变化，而将学习看作是信息加工过程，是学习者头脑中知识表征结构的变化，这一理论影响下的教学研究，重视知识结构、学习策略。

随着建构主义的逐渐兴起，20 世纪末，在建构主义理论的影响下，

---

[1] ROSENSHINE B, STEVENS R. Teaching functions[M]// WITTROCK M C. Handbook of research on teaching. 3th ed. New York: Macmillan, 1986: 376-391.

[2] JENSON W R, SLOANE H N, YOUNG K R. Applied behavior analysis in education: a structured teaching approach[M]. Upper Saddle River, NJ: Prentice Hall, 1988：332.

课堂教学需要教师“以建构主义的方式思维，秉承与建构主义哲学相符的信念，并且按这种思维和信念去行动”[1]。显然，这一理论对于课堂教学，特别是教师的教学行为也产生了巨大的影响。

不过，行为分析仍然是科学分析课堂教学必要的方法。

## 四、我国有关教学行为的研究发展情况

在我国，20 世纪 80 年代开始有零星的课堂教学行为分析的研究报告出现。一直到 1998 年，有关教学行为研究的论文每年仅寥寥数篇（通过中国知网查询判断）。

2001 年后，年度发表的关于教学行为研究的报告篇数达到十位数。到 2008 年，年度发表的关于教学行为研究的论文增长到百位数。近 10 多年来，每年发表的有关教学行为研究的论文都在 100 篇以上。仔细分析这些冠以“教学行为”研究的论文可知，从研究方法来看，有不少的关于教学行为的“研究”纯属课堂观察后的思考总结，仅仅是对于行为研究的笼统的感悟，还没有进入实证的行为分析路径。

## 五、我国中学生物学界关于教学行为研究的简况

在中学生物学课堂教学研究中，进入 21 世纪之后才有系统地进行中学生物学课堂教学的行为分析的研究论文和著作出现。2021 年 5 月，在中国知网用“教学行为”“生物”为关键词检索篇名项，可找到 51 篇文献（包括硕士和博士学位论文）。此外，用“课堂观察”“生物”为关键词，可搜到 39 篇。其中 1988 年发表的关于生物课堂观察的论文，实际上是关于生物学观察的研究，而不是教学行为观察的研究。中学生物学课堂教学中涉及行为分析研究的文章，至 2021 年 5 月仍不足百篇。

正式发表的在中学生物学教学研究中开展教学行为分析的研究论文，最早的时间是 2004 年。总体来看，在中学生物教育界，开展课堂教学行

[1] FENSTERMACHER G D, RICHARDSON V. On making determinations of quality in teaching[J]. Teachers college record, 2005, 107(1): 186-213.

为分析不过十来年的时间。在这些论文中，有相当数量并没有采用实证、课堂观察记录的方法，而是采用理论推演、思辨的方法来展开讨论的，即便是有些冠以“教学行为”的研究，其中讨论的内容也未必是可观察的行为，甚至主要讨论的是“内隐”的行为。最早的关于生物教学行为（提问）分析的文章，是辽宁师范大学侯栗宁、吴志华在《新课程研究》2009 年第 3 期发表的《教师课堂提问教学行为分析——以一节生物课堂片段为例》。最早采用行为分析方法系统分析研究中学生物学课堂教学中教与学行为的研究论文，是谭永平、李金花发表于《课程·教材·教法》2013 年第 33 卷第 4 期的文章《新课改后中学生物公开课教与学的行为分析》。当然，近年来出现了不少以“生物课”“教学行为”为关键词的文章，但是，很多这样的文章关于教学行为的界定却是比较宽泛的，文章中所阐述的教学行为比本书所介绍的教学行为外延更广泛。

## 第二节 如何对教学行为进行分类

要对课堂里发生的教学行为进行研究，首先要对教学行为进行分类。通过分类，可以对大量的对象加以梳理，使之条理化、系统化，所以分类是对对象进行深入研究的一个重要逻辑环节。[1]

从字面上理解，分类就是“分门别类”，关键在“分”。实质上，分类是抽象思维中一种复合性逻辑方法，需要通过比较、分析、归纳、概括来确定分类标准，从而把对象区分为一个个的体系和类别。显然，分类是带着已有的思维框架进行的。对教学行为进行分类也是这样。

### 一、教学行为分类的目的、思路与方法

每一节课的课堂教学，都是教师和学生众多行为构成的一个连续的过程，其中有教师的教、学生的学、教师与学生的互动等；教师在课堂里可

[1] 苏富忠．经验分类、形式分类与具体分类 [J]. 济南大学学报，1994，4（4）：17-22.

能在讲，可能在展示，也可能只是静静地站着观察；学生在课堂里可能是在安静地听，也有可能在走神。把课堂里发生的一切记录下来，可以构成课堂实录，用以描述课堂发生的事实。然而，事实不会说话，课堂实录只是记录课堂里的一切，并不是分析。要通过事实获得启示，需要拷问事实。拷问事实，有的时候是从整体上去把握，从整体感悟获得启示。但是，这种所谓的整体把握往往是粗糙的、感性的、模糊的。深刻的整体把握，是以对课堂构成元素做分析为基础的。要找出课堂元素，就需要对课堂里的组成细胞——教学行为进行分析。不同的教学行为，可能在课堂里会产生不一样的作用。因此，对教学行为进行分析，首先要对课堂里发生的教学行为进行分类。对教学行为进行分类，是为了在纷繁复杂的课堂里，找出内在规律。

对教学行为进行分类，应该依据以下基本原则：整体分解原则、排他性原则、简明性原则。也就是，应该将课堂整体分解为不同的单元，且划分粗细应适宜；划分后的各部分是相互之间不交叉、不重复的；划分出来的教学行为意义明确，能与教学意图联系上。[1]

常说的“教学行为”，如果理解为“教师的教学行为”，那就意味着是“教”的行为。如果理解为“教与学的行为”，那就应该包括教的行为和学的行为。在本书中，我们采取后者。虽然“教”的行为与“学”的行为二者相互关联，没有离开“学”的“教”，但是为了方便分析，我们可以将教、学做较明确的区分，首先将“教学行为”分为“教”的行为和“学”的行为两大类。

教育界对教师的“教”研究较多，因此，关于“教”的行为如何分类，已有较多的文献可参考。例如，从教师“教”的角度看，按照教师在课堂教学情境中的行为方式及其发挥的功能来划分，主要有呈示行为、对话行为和指导行为三种。呈示行为是教师呈现知识与演示技能的行为；对话行为是师生之间相互作用的行为；指导行为是学生自主的学习活动，教师进行辅导或指导的行为；此外，还有辅助教学行为和课堂管理行

---

[1] 柳夕浪．课堂教学临床指导 [M]. 3 版．北京：人民教育出版社，2011：9.

为[1]。有学者依据教学行为的功能、任务及其在课堂教学中的表现形式，将“教”的行为分为陈述行为、指导行为、展示行为、提问行为、反馈行为、管理行为、倾听行为、反思行为和评价行为[2]。

有学者在对国内外学习行为研究的综述分析中，将学习行为界定为学生在学习中所表现出来的行为，提出学习行为包括积极的和消极的两个方面，涵盖注意力、学习动机、学习态度、策略运用等四个层面。这些行为有公开的，可以通过课堂观察获得；也有隐蔽的，可以通过问卷、访谈由学生自己描述获得[3]。显然，这种对学习行为的界定，既包括可观察的行为，也包括不能观察的、内隐的行为。

一般来说，大家所说的学习行为，是指学生在课堂上表现出来的、可见的行为。大家常说的“被动学习”“主动学习”，属于内在心理活动，难以观察到，因此，不能用于课堂观察研究。也有研究者将中小学生在课堂上的学习行为界定为“听”“读”“看”“演”“议”“践”“教”“其他”八类行为，并将前四类学习行为界定为被动学习行为，“议”“践”“教”界定为主动学习行为[4]。

现有的教学论研究对学生学习行为涉及较少。可能由于学生的学习在心理学研究中成果颇丰，以致教学行为研究理所当然地把学习行为研究看作教师教导行为和师生互动行为研究的一个先在假设和自然前提，从而在研究进程中消解或遗失了学习行为[5]。从学生学的角度看，“学”的行为确实比教师的“教”更难以观察和研究。难研究，可能也正说明这是课堂研究的核心所在。

---

[1] 施良方，崔允漷 . 教学理论：课堂教学的原理、策略与研究 [M]. 上海：华东师范大学出版社，1999：149.

[2] 裴娣娜 . 教学论 [M]. 北京：教育科学出版社，2007：201-205.

[3] 姚纯贞，米建荣，王红成 . 国内外“学习行为”研究综述 [J]. 教学与管理，2009（10）：48-50.

[4] 陈一中，李国亮，朱丽萍 . 中小学生课堂主动学习行为时间参数研究：以获奖课例为样本 [J]. 上海教育科研，2018（3）：42-45.

[5] 向葵花，陈佑清 . 聚焦学习行为：教学论研究的视域转换 [J]. 课程 · 教材 · 教法，2013，33（12）：30-35.

对课堂里出现的教学行为进行分类并开展研究，目前已经有多种方法。例如，崔允漷教授在《论课堂观察 LICC 范式：一种专业的听评课》中提出 LICC 模式，通过对课堂的解构，倡导教师组建不同的合作体，采用类似科学观察的方法，研究课堂教学的有效性问题。通过应用这一模式，崔允漷教授从实践中演绎出课堂的 4 个要素：学生学习（Learning）、教师教学（Instruction）、课程性质（Curriculum）和课堂文化（Culture），再从这 4 个要素分出 20 个视角、68 个观察点（见表 1-1），在课堂中对这些观察点做观察[1]。

**表 1-1　课堂的 4 个要素、20 个视角、68 个观察点**

| 要素 | 视角 | 观察点举例 |
| --- | --- | --- |
| 学生学习（L） | （1）准备<br>（2）倾听<br>（3）互动<br>（4）自主<br>（5）达成 | 以“达成”视角为例，有 3 个观察点：<br>· 学生清楚这节课的学习目标吗？<br>· 预设的目标达成有什么证据（观点 / 作业 / 表情 / 板演 / 演示）？有多少人达成？<br>· 这堂课生成了什么目标？效果如何？ |
| 教师教学（I） | （1）环节<br>（2）呈示<br>（3）对话<br>（4）指导<br>（5）机智 | 以“环节”视角为例，有 3 个观察点：<br>· 由哪些环节构成？是否围绕教学目标展开？<br>· 这些环节是否面向全体学生？<br>· 不同环节 / 行为 / 内容的时间是怎么分配的？ |
| 课程性质（C） | （1）目标<br>（2）内容<br>（3）实施<br>（4）评价<br>（5）资源 | 以“内容”视角为例，有 4 个观察点：<br>· 教材是如何处理的（增 / 删 / 合 / 立 / 换）？是否合理？<br>· 课堂中生成了哪些内容？怎样处理？<br>· 是否凸显了本学科的特点、思想、核心技能以及逻辑关系？<br>· 容量是否适合该班学生？如何满足不同学生的需求？ |

[1] 崔允漷 . 论课堂观察 LICC 范式：一种专业的听评课 [J]. 教育研究，2012（5）：79-83.

续表

| 要素 | 视角 | 观察点举例 |
| --- | --- | --- |
| 课堂文化（C） | （1）思考<br>（2）民主<br>（3）创新<br>（4）关爱<br>（5）特质 | 以“民主”视角为例，有 3 个观察点：<br>·课堂话语（数量 / 时间 / 对象 / 措辞 / 插话）是怎么样的？<br>·学生参与课堂教学活动的人数、时间怎样？课堂气氛怎样？<br>·师生行为（情境设置 / 叫答机会 / 座位安排）如何？学生间的关系如何？ |

LICC 模式对课堂观察的视角立体，观察维度全面，指标也均可通过外显行为来判断。这一模式近年来在我国教育界产生了较广泛的影响。不过，从 4 个要素、20 个视角、68 个观察点来观察课堂，对研究团队的要求比较高。

## 二、生物学课堂教学行为分类的一种方法

笔者在关于课堂教学行为的研究与改进中，尝试对教学进行分类研究。后文将重点介绍笔者做过的工作。

笔者在开展课堂教学行为分析与改进的课题研究时，首先将课堂里发生的行为，按照行为主体分为“教师的教”和“学生的学”，然后再进一步细分。

### （一）教师教的行为

对教师在课堂里教的行为做分析，有多种方法。

在LICC模式中，教师的教学行为是4个维度中的其中一个，是从环节、呈示、对话、指导、机智等5个视角，若干个观察点展开观察的。实际上，按照这一分类方法，课程性质维度里，也有一部分是属于教师教的行为。

吕宪军、王延玲在《构建基于目标的教师课堂有效教学行为评价标准》一文中，选择以下五个教学行为要素作为构建教学评价标准的基础。（1）呈示行为：呈示行为是基础而重要的教学行为，是教师教学中传授知识的主要方式。知识呈现方式的不同，会直接影响到教学效果的好与坏。因此，根据不同的教学目标、教学对象与教学内容，选择恰当的知识呈现方式是

实现课堂有效教学的前提条件。（2）对话行为：课堂教学中的对话行为体现了以人为本的教学理念，它既是师生互动的过程，也是教师培养学生提出问题、分析问题以及解决问题能力的过程。教学对话是教学呈示的深化，是教学更高层次的表现。从形式上看，对话使学生的身份由“听众”或“观众”变成了“表演者”或“演员”，但其本质上却反映出教师在教学过程中对学生作为主体的尊重。（3）指导行为：教学的重要目标之一是由教向学的转化，即通过教师的教，引导和促进学生的学，通过教师有效的教学指导，帮助学生掌握并优化学习方法，不断提高学习能力，变“要我学”为“我要学”，并且会学、乐学，逐步实现教学由“教师中心”向“学生中心”的过渡与转变。（4）辅助行为：辅助行为是对呈示、对话、指导等主要教学行为的重要而不可缺少的补充，它强调的是师生间的心灵及情感的对话与沟通。有效的辅助行为可以促进师生间的相互信任，达成教学中的默契。（5）管理行为：有序的课堂是教师有效实施教学、完成教学任务、实现教学目标的保障。因此，教师通过对课堂的有效管理，可以使教学过程更加顺畅，使教学更有针对性，更加有利于学生的学习。[1]

我们在开展教学行为分析时，则是根据主动、被动状况，将教师在课堂里“教”的行为分为发起的行为、应答的行为。发起的行为则可以进一步分为讲解（放视频等本质上属于讲解）、提问、观察与倾听、组织教学、纪律管理等。各类行为还可以进一步细化。例如，讲解可以分为讲解现象、讲解原理、评述等，提问可以分为提出事实性问题、提出理解性问题等。详见表 1-2。

---

[1] 吕宪军，王延玲．构建基于目标的教师课堂有效教学行为评价标准 [J]. 现代中小学教育，2013（8）：77-79.

**表 1-2　教师教的行为分类**

<table>
<tr><th colspan="2">行为类型</th><th>行为名称<br>（英文首字母可作编码符号）</th><th>行为定义</th><th>举例</th></tr>
<tr><td rowspan="8">发起的行为</td><td rowspan="5">讲解</td><td>讲解现象<br>（phenomenon）</td><td>讲解客观存在的生物学事实、描述生物学现象，如生物的特征、生命活动过程</td><td>讲解膝跳现象、某种氨基酸的分子结构</td></tr>
<tr><td>讲解原理<br>（conception）</td><td>讲解生物学概念、原理、规律和模型</td><td>讲解膝跳反射的机理、氨基酸的结构通式</td></tr>
<tr><td>评述<br>（review）</td><td>对生物学事件、知识等进行评述</td><td>评述某科学史上实验的意义</td></tr>
<tr><td>讲解方法<br>（technic）</td><td>讲解科学研究的方法、实验操作程序</td><td></td></tr>
<tr><td>复习与练习<br>（exercise）</td><td>进行复习、总结、习题练习</td><td></td></tr>
<tr><td rowspan="3">提问</td><td>事实性问题<br>（knowledge）</td><td>知道、了解水平的问题</td><td>答案为是/否的问题，基本事实、现象的问题</td></tr>
<tr><td>理解性问题<br>（understanding）</td><td>理解、应用水平的问题</td><td>事实的比较，因果关系的分析，原理的应用</td></tr>
<tr><td>群体性问题<br>（nonsense）</td><td>关于学生的意愿、主观认识或感受、事实情况的问题，学生总是集体回答，且非常简短，如回答“是”“没有”“好”“愿意”</td><td>教师问：“我们用实验来检验这个假设，好吗？”学生齐答：“好。”</td></tr>
</table>

续表

| 行为类型 | | 行为名称（英文首字母可作编码符号） | 行为定义 | 举例 |
| --- | --- | --- | --- | --- |
| 发起的行为 | 观察与倾听 | 一般观察与倾听（general） | 当全班活动或分组活动时，教师对多名或全班学生的泛泛观察和倾听，包括观察学生的操作、动作、表情等，倾听学生的发言讨论，但没有对学生的表现做出反应 | 全班巡视，泛泛地听学生小组讨论 |
| | | 个别观察与倾听（specific） | 教师明确地针对某个学生进行观察和倾听，包括观察学生的操作、动作、表情等，倾听学生发言、回答问题等，但没有对学生的表现做出反应 | 走近某个学生进行观察，听某个学生回答问题、发言 |
| | 组织教学 | 组织教学（organization） | 教学活动中必不可少的、保证教学活动顺利进行的行为，包括活动之前对活动目的、要求、方法的说明，活动过程中关于活动的提示、指令，活动结束后的简短结语，准备和分发活动材料，准备教学仪器工具，非知识、技能或操作方法的语言说明，指派某个学生进行演示操作或回答问题等 | “下面分组讨论……各组要指定一位同学记录……” |
| | 纪律管理 | 纪律管理（regulation） | 对学生与学习无关行为的管理、规范、提醒等 | |

续表

| 行为类型 | | 行为名称（英文首字母可作编码符号） | 行为定义 | 举例 |
| --- | --- | --- | --- | --- |
| 应答的行为 | 反馈指导 | 无反馈（absence） | 对学生回答问题、主动提问、讨论、操作等活动没有给予明确的反馈信息 | 对学生的提问或回答不予理睬 |
| | | 简单反馈（feedback） | 只是告知学生发言或操作是否正确，或直接告诉学生正确答案 | 学生回答问题后教师说："请坐。""再想想。""还不太准确。""不错。"但没有进一步的解释 |
| | | 启发性反馈（enlighting） | 教师针对学生回答问题、主动提问、讨论、操作等活动进行讨论；当学生没有完整、准确地回答出教师的提问时，教师进一步追问，使其对问题理解得更准确或更深入；纠正学生的发言、操作等的不当之处；对学生的回答进行精炼、提升；对学生的发言进行评述引申；对学生提出建议等 | |
| | | 个别指导（direction） | 学生活动时，对某个学生或者某个小组进行指导，如提建议、纠正错误等 | 示范实验操作方法，小组活动中与学生讨论等 |
| 不当行为 | | 不当行为（mistaken） | 错误行为或与教学无关的行为 | 打骂、羞辱学生，打电话等 |

在将课堂教学行为分为互不交叉的几类后，我们可以记录课堂里各类行为出现的情况，统计其出现频次和时间。当然，如果有可能，还要分析不同行为之间存在的关系——相关性。继续深入，则要将行为和它表达的

内容再次建立联系。比如，关于教师的讲，我们要进一步去分析教师讲了什么，怎么讲的，问了什么，怎么问的，等等。

### （二）学生在课堂里是“怎样学”的——“学”的行为分类

与对教师教的行为研究相比，关于学生在课堂里怎么学的研究要少得多。虽然有一些基于实证方法来研究课堂学习行为的文献，如谢妲娜等的《通过课堂观察法比较中等生和优等生的化学课堂学习行为——以“弱电解质的电离”为例》，但是，真正的基于学习行为分析的研究仍然较少。

我们在研究中根据主动性不同，将学生学的行为分为接受的行为、产生的行为、与任务无关的行为三大类，再将这三大类细分为听（看）、读、回答问题、讨论、主动提问、操作、当众表现等行为。具体分类情况见表1-3。

**表 1-3　学生学的行为分类**

| 行为类型 | 行为名称 | 定义 |
| --- | --- | --- |
| 接受的行为 | 听讲与观看 | 听教师讲解，听同学发言；观看教师演示教具，看多媒体，看教师示范；观看同学示范等 |
| | 阅读 | 阅读教材、书面资料 |
| 产生的行为 | 个别回答问题 | 在全班活动的情境中回答教师提出的问题，包括主动举手回答和被教师点名回答 |
| | 主动提问 | 主动向教师提出与本课内容相关的问题、拓展性的问题 |
| | 讨论 | 在小组活动中参与讨论，包括和同学及教师的讨论 |
| | 当众表现 | 面对全班同学的发言、动作展示、表演等 |
| | 操作活动 | 动手操作的学习活动，如做实验；身体活动，包括动作练习、动作创编 |
| | 其他学习活动 | 书面作业，朗读 |
| 与任务无关的行为 | 与任务无关的行为 | 闲聊、玩弄东西、走神、睡觉、离开座位等 |

## 三、情境分类

对教和学行为进行分类，容易产生割裂、孤立地看问题的倾向。因此，研究中不但要关注各种行为之间的关系，还要关注教学情境。在对教和学的行为进行分类的同时，还需要对情境进行分类描述，并将各类教与学的行为放到相应的教学情境中去。

我们将教学情境按照教学组织形式、教学环节分别进行描述。详见表1-4。

**表 1-4　教学情境分类**

| 情境分类方式 | 情境类型 | 定义 | 举例 |
| --- | --- | --- | --- |
| 教学组织形式 | 全班活动（whole） | 全班学生按照统一步骤进行的活动 | 全班听教师讲解，观看表演、游戏，学生在全班报告，同时朗读或阅读指定材料，书面作业 |
| | 分组活动（group） | 全班分成多个小组，学生在小组内与同学合作完成任务 | 小组讨论，分组实验 |
| 教学环节 | 引入（introduction） | 通过说明本课目标、设置情境、复习已学内容等方式过渡到本节课内容 | |
| | 主体（body） | 本课主体内容 | |
| | 总结（summary） | 对本课的总结 | |

# 第三节　教学行为的实证研究案例

对教学行为分类是为了更好地揭示课堂教学行为，因此，有必要运用行为分类开展课堂记录、观察、分析的实践探索。本节介绍笔者曾经进行的一项生物学课堂教学行为的实证研究。

## 一、新课改后公开课教学行为分析

我们将新课改后的公开课（录像课）作为研究对象，通过对新课改后14 节有代表性的公开课进行教与学的行为分析，发现这些课都在一定程度上体现了新课改的理念，包括三维目标的追求、自主合作探究学习方式的探索等；课堂教学行为主要是问答对话，问、答、反馈、追问占了超过一半的课时，其所占时长远大于独白式讲解；教师独白式讲解以讲解事实、现象为主，讲解概念、原理、规律所占的时间少；讲解内容的时长比例在不同的课之间差异较明显；教师提问次数总体偏多，在一定程度上反映了"满堂问"在中学生物学公开课中也是存在的。

### （一）研究方法

1. 教与学行为的分类

研究中，笔者所在课题组研发了课堂教学行为分类系统，将分类系统中的教师行为分为四大类：发起的行为、观察的行为、应答的行为、不当行为。将该四类行为进一步分解如下（见表 1-5）。

**表 1-5　教师教学行为分解**

<table>
<tr><td>行为类型</td><td colspan="10">发起的行为</td><td colspan="2">观察的行为</td><td colspan="4">应答的行为</td><td>不当行为</td></tr>
<tr><td rowspan="2">行为名称</td><td colspan="5">讲解</td><td colspan="3">提问</td><td rowspan="2">组织教学</td><td rowspan="2">纪律管理</td><td colspan="2">观察与倾听</td><td colspan="4">反馈指导</td><td rowspan="2">不当行为</td></tr>
<tr><td>现象</td><td>原理</td><td>评述</td><td>方法</td><td>复习与练习</td><td>事实性问题</td><td>理解性问题</td><td>群体性问题</td><td>一般</td><td>个别</td><td>无反馈</td><td>简单反馈</td><td>启发性反馈</td><td>个别指导</td></tr>
</table>

将学生行为分成三大类：接受的行为、产生的行为、与任务无关的行为。再将该三类行为进一步分解如下（见表 1-6）。

**表 1-6　学生学习行为分解**

| 行为类型 | 接受的行为 | | 产生的行为 | | | | | | 与任务无关的行为 |
|---|---|---|---|---|---|---|---|---|---|
| 行为名称 | 听讲与观看 | 阅读 | 个别回答问题 | 主动提问 | 讨论 | 当众表现 | 操作活动 | 其他学习活动 | 与任务无关的行为 |

2. 研究的对象

研究中，选取 2002—2009 年全国性的学术年会上的观摩课、研究课，以及人民教育出版社收入培训资料包的研究课共 14 节进行分析，其中初中生物课 8 节，高中生物课 6 节。所涉及的课的类型有：以生物学知识为主体内容的课，以实验、探究为主体内容的课，知识、探究实验兼具的课，以情感态度价值观为主要目标的课。

3. 研究的方法

为了确保对课堂录像中教师和学生行为信息的准确识别、采集和分析，我们对每个课堂录像都进行了四个步骤的加工。第一步，将所有课堂录像进行文字实录，即将课堂上教师和学生的所有语言、行动，以及使用的教学设备和材料等全部以文字形式记录下来。第二步，对照录像，在文字实录上进行编码。第三步，以编码为依据，用课题组自主研发的“行为分析软件”进行数据采集。第四步，使用“行为分析软件”对每节课的数据进行统计分析。数据采集时，软件可以记录下教师和学生的行为类型及其起止时间。通过数据分析可以计算出每种行为类型的平均时长、标准差，某类行为占整节课时长的比例，某种行为出现的频次等。

### （二）研究的结果

1. 教师的独白式讲解所占时长情况

教师的独白式讲解所占时长情况见图 1-1。讲解平均时长占整节课时长的比例为 25%。讲解时间最长的在 22 分钟左右，其余的都在 20 分钟以内，最短的不到 3 分钟。

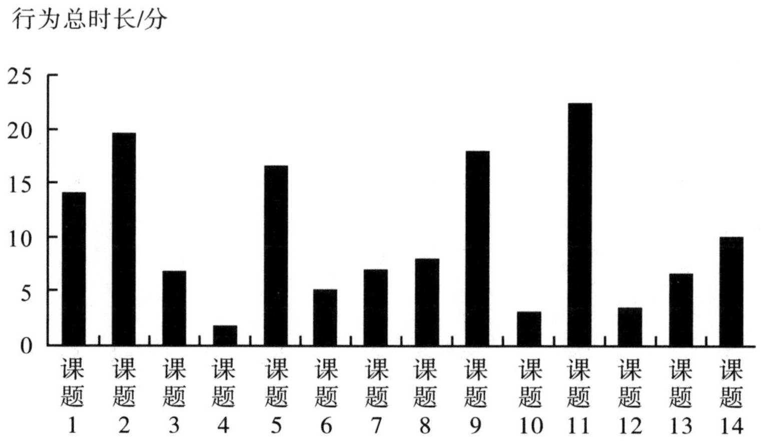


图 1-1 教师独白式讲解时长

教师讲解的内容中，现象、原理、方法等所占的时长比例见表 1-7。

**表 1-7 教师的讲解内容及其所占时长比例构成**

| 讲解内容 | 事实、现象 | 概念、原理、规律 | 评述 | 方法 | 复习与练习 |
|---|---|---|---|---|---|
| 平均时长 / 分 | 7.30 | 1.38 | 0.12 | 1.04 | 0.14 |
| 占讲解平均时长的比例 /% | 73.1 | 13.8 | 1.2 | 10.4 | 1.4 |

教师的讲解中，只有 6 节课的讲解内容涉及复习与练习，讲解时间最长的为 1.5 分钟，最短的为 8 秒钟。

2. 问答、对话所占课堂时长情况

师生对话是课堂上占时间最长的一类教学行为。教师提问平均时长为 9 分钟，学生回答问题的平均时长约 8 分钟，教师对学生的回答进行反馈的平均时长约为 6 分钟。3 项合计约 23 分钟，占课堂时长的 57.5%。

教师对学生的回答都能及时反馈，平均每节课反馈 58 次。只有一节课上罕见地出现了几次无反馈的情况，其他课堂中教师都对学生的回答给予了反馈。反馈以简单反馈为主，简单反馈次数占反馈总次数的 82.2%；启发性反馈占 16.6%。有几节课上教师的启发性反馈与简单反馈的比例达到 1∶2，甚至接近 1∶1。

3. 教师提问情况

教师课堂上提问次数情况见图 1-2。最少的有 37 次，最多的则有 108 次，平均每堂课提问 69 次。教师所提问题以事实性问题为主，但也有理解性问题（见表 1-8）。大多数课上理解性问题与事实性问题的比例为 1∶5 至 1∶3，偶有接近 1∶1 的。8 节课上教师提问中包含有 3 ～ 7 个群体性问题。

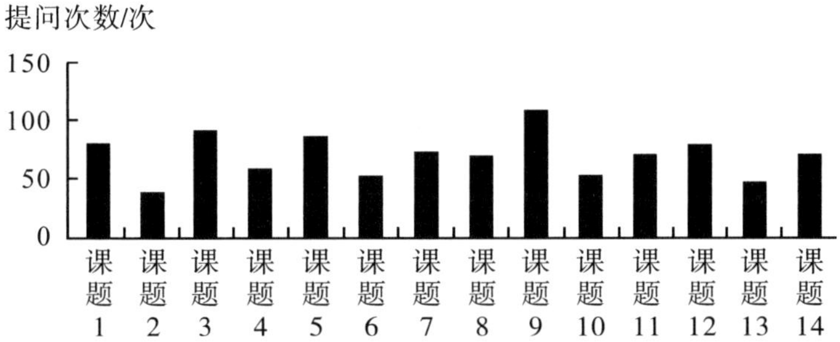


图 1-2　教师提问次数

**表 1-8　教师提问问题类型、次数和所占比例**

| 问题类型 | 事实性问题 | 理解性问题 | 群体性问题 |
| --- | --- | --- | --- |
| 次数（平均） | 50.3 | 15.5 | 2.9 |
| 比例 /% | 73 | 23 | 4 |

4. 学生主要的学习行为——听讲与观看

学生最主要的学习行为是听讲与观看，平均时长为 27.51 分钟，占课堂时长比例为 68.64%（见表 1-9）。

**表 1-9　学生的课堂学习行为构成**

| 学生学习行为类型 | 听讲与观看 | 阅读 | 个别回答问题 | 主动提问 | 讨论 | 当众表现 | 操作活动 | 其他学习活动 |
| --- | --- | --- | --- | --- | --- | --- | --- | --- |
| 平均时长 / 分 | 27.51 | 0.03 | 7.68 | 0.19 | 1.26 | 1.23 | 2.13 | 0.05 |
| 所占比例 /% | 68.64 | 0.07 | 19.16 | 0.47 | 3.14 | 3.07 | 5.31 | 0.12 |

5. 学生的课堂参与情况

在这14节课中，学生除了有听讲与观看等接受的行为，还有主动提问、讨论、当众表现、操作活动等产生的行为。所有的课都有讨论或操作活动等。其中11节课有1～2次学生讨论，8节课有1～2次学生操作活动。有4节课出现学生主动提问，“绿叶在光下制造有机物”课上，学生主动提问11次。

6. 课堂均未出现不当行为

所研究的 14 节课，教师在课堂里均未出现打骂、羞辱学生，打电话等错误行为或与教学无关的行为。学生也未出现闲聊、玩弄东西、走神、睡觉、离开座位等与学习任务无关的行为。

## （三）讨论

崔允漷教授将教师的教学行为分为呈示行为、对话行为和指导行为[1]。弗兰德斯（N. A. Flanders）将教师提问、接受学生的情感反应、接受或使用学生的观点，以及给予学生表扬和鼓励等行为，归为间接教学行为，而将直接讲授、给予指示、批评或维护权威归为直接教学行为[2]。在本研究中，教师的独白式讲解基本对应上述的呈示行为、直接教学行为，问答对话基本对应上述的对话行为、间接教学行为。每种教学行为都有其独特的功能与表现形式，分析独白式讲解行为、问答式对话行为等在课堂里出现的情况，对于理解这些课的特征是很有意义的。

1. 问答对话时长远大于教师独白式讲解

教师的独白式讲解平均时长约为 10 分钟，而问答对话平均所占时长为 23 分钟。显然，这些课堂里对话是主要的教学方式。

（1）教师独白式讲解的时长和讲解内容组成分析

教师独白式讲解时长为 3 ～ 22 分钟。一般而言，以生物学知识为主要教学内容的课讲解时间长，以实验、探究为主要内容的课讲解时间短，

---

[1] 崔允漷 . 有效教学 [M]. 上海：华东师范大学出版社，2009：137-176.

[2] FLANDERS N A. Using interaction analysis in the inservice training of teachers[J]. The journal of experimental education, 1962, 30(4): 313-316.

其中 2 节以实验探究为主要教学内容的课，讲解时长还不到 3 分钟。

教师讲解的内容，以事实、现象为主，讲解事实、现象的时长占总讲解时长的73%；讲解概念、原理、规律的时长占总讲解时长比例为14%。这在一定程度上说明呈现生物学事实、现象，是让学生形成概念、理解原理和规律的基础。

教师讲解事实、现象、概念、原理、规律，以及方法、评述等内容所耗时长，在不同的课之间差异也较明显，且与所讲内容本身有较明显的关系。例如，在保护生物多样性、空气质量与健康这样的课里，知识目标要求不高，情感态度价值观是教育的主要目标，讲解的内容几乎不涉及原理和方法；物质跨膜运输的实例、植物对水分的吸收和利用、环境因素对光合作用强度的影响、绿叶在光下制造有机物、光对鼠妇生活的影响等课，实验、探究是其重要内容，这些课上总体讲解时间较少，讲解的内容则主要是方法、原理。

教师的讲解较少涉及复习和练习。这在一定程度上与“改变过于重视系统的学科知识的学习倾向”有关。为避免让听课者形成“过于重视结论性知识的学习”这一印象，公开课上教师较少对知识进行复习和检测。

（2）问答对话式教学所占时长比例最大

教师问、学生答，教师反馈或追问，是展开教学的主要方式。这和公开课上频繁出现师生之间的对话这一现象是相吻合的。课堂上，问、答、反馈、追问，这样的教学对话占了超过一半的课堂时间。教师问、学生答、教师反馈或追问，这样的互动关系构成了这些课的基本教学过程。教师所提问题很少有群体性问题（如“教师提问，学生集体回答”这样的问题），教师的反馈中也不乏启发性反馈。有些课堂注意激发学生自主提问。例如，有 4 节课出现学生主动提问。

总体上看，这样的问答、对话，可以较好地吸引学生参与课堂，使课堂具有一定的生机和活力。有学者指出，有效的课堂教学活动是通过对话的方式来进行的，对话有利于创造良好的师生关系，使师生在相互尊重、信任的基础上，通过表达和倾听的方式，加强相互之间的理解和沟通，这样无疑提高了课堂教学的质量和效率[1]。需要注意的是，虽然在这些公开课上，独白式讲解所占时长比例要小于问答对话式教学，但是在实际教学中我们应该寻求的是独白式讲解和问答对话的共生，而不可一味地排斥合适情景的独白式讲解，或一味地推崇问答对话教学方式，因为这两种教学方式在育人功能上并没有优劣之分[2]。

2. 教师提问次数偏多

教师所提问题数量偏多的情况较普遍地存在。早在 20 世纪末，就有学者提出在小学语文课上教师平均提问 40 ～ 60 个问题[3]。教师所提问题，近 80% 只要用死记硬背的方法就可以解决[4]。这类课堂的交往是一种形式上的交往，徒具交往的形式，而无实质性的内容[5]。本研究涉及的 14 节课例，平均每节课教师提问达 69 次，有的课堂甚至平均每分钟问 2 个问题，学生平均每分钟要回答 1.725 个问题。几乎不需要思考的群体性问题在课堂上也偶有出现。这在一定程度上表明，有不少生物教师习惯用提问的形式，让学生参与课堂，形成“热闹”的课堂氛围。问题多，说明学生难以对问题进行深入思考，也说明问题的质量有待提高。新课改后引起广泛关注的“满堂灌”让位于“满堂问”的问题[6]，在中学生物学课堂上也是存在的。

进一步分析教师所提问题可知，这些问题主要是事实性问题，事实性问题占所提问题的 73%（其中，初中课的比例为 76%，高中课的比例为 70%），理解性问题所占比例较少（23%）。一方面，这能在一定程度上反映教师提的问题数量偏多，难以给学生足够的时间来思考，问题以容易回答的事实性问题为主；另一方面，这应该也和教师讲解的内容以事实、现象为主有关，说明教师所提问题和讲解内容之间有密切关系。

---

[1] 吕晓，何叶 . 有效教学的两个问题链 [J]. 教育导刊（上半月），2011（4）：13-16.

[2] 余宏亮，秦淼 . 对话教学的致思方式及实践转向 [J]. 课程·教材·教法，2012，32（8）：28-33.

[3] 高艳，王坦 . 谈现代教学提问存在的问题及其科学设计 [J]. 山东教育科研，1995（6）：26-28.

[4] 石鸥 . 教学病理学 [M]. 长沙：湖南教育出版社，1999：321.

[5] 程胜，郑金洲 . 课堂教学交往中的虚假与真实 [J]. 教育科学研究，2002（6）：10-13.

[6] 傅海洋，侯占存 . “满堂灌”缘何成了“满堂问”？ [N]. 文汇报，2008-11-03（12）.

### 3. 一定程度上体现了新课改所倡导的自主、合作、探究的学习等理念

这些课都关注了新课改提出的倡导自主、合作、探究学习，安排有学生活动，或讨论，或动手操作，或兼而有之，有的课甚至主要是实验或探究。这反映了教师试图在课堂里引导学生通过探究去学习，在做中学等。在这些课里，绝大多数都有学生的小组讨论，实验、探究也都是通过小组合作来完成的，说明教师注意了让学生开展合作学习。

从所选14节课教学目标的确定来看，这些课不仅关注知识的教学，同时还关注了能力和情感态度价值观目标的达成，有的课还以提高探究能力、提升情感态度价值观为主要的教学目标。

在这 14 节课上，教师的讲解行为所占时长比例与新课改前相比有所下降，教师的独白式讲解已经让位于问答对话，师生对话是课堂的主要教学行为，教师重视对学生回答的反馈。有些课堂注意激发学生自主提问，这说明教师重视引导学生参与课堂。这也是新课改所倡导的。

需要注意的是，在这些公开课上，学生接受式学习行为的时长比例依然偏高，大多数学生绝大部分的课堂时间是用于听教师独白，或教师发起的师生一对一问答对话。这基本可以代表目前中学生物学课堂教学的现状。

## 二、基于行为分析与改进的生物学课堂教学研究

笔者所做前述的教学行为研究，是基于纯观察者的视角，对已经完成的课堂教学进行的分析，研究者不介入课堂教学。

关于课堂教学行为是否可以通过研究、分析而改进，我们做了实验研究，也就是研究者通过对课堂行为进行分析，提出改进建议，观察教师的教学行为如何改变。

我们邀请教师参与研究，通过数次对教师课堂教学行为进行记录、分析之后，提出改进意见和建议，教师的教学行为有了明显改变。

以下为实验中某教师第 2 节课和第 5 节课的教学行为数据对比。

## （一）第 2 节课教学行为分析

1. 教师行为分析

教师行为数据见表 1-10。

**表 1-10 教师行为数据**

| 行为类型 | | 行为总时长 / 分 | 占整节课时长比例 /% | 发生次数 |
|---|---|---|---|---|
| 讲解 | 讲解现象 | 6.91 | 15.14 | |
| | 讲解原理 | 7.12 | 15.60 | |
| | 评述 | 0.54 | 1.18 | |
| | 讲解方法 | 2.06 | 4.51 | |
| | 复习与练习 | 1.96 | 4.30 | |
| | 合计 | 18.59 | 40.74 | |
| 提问 | 事实性问题 | 4.95 | 10.85 | 83 |
| | 理解性问题 | 3.11 | 6.82 | 30 |
| | 群体性问题 | 1.64 | 3.59 | 42 |
| | 合计 | 9.70 | 21.26 | 155 |
| 观察与倾听 | 一般观察与倾听 | 7.04 | 15.43 | |
| | 个别观察与倾听 | 1.17 | 2.56 | |
| | 合计 | 8.21 | 17.99 | |
| 组织教学 | | 3.85 | 8.44 | |
| 反馈 | 无反馈 | 0.06 | 0.13 | 3 |
| | 简单反馈 | 2.35 | 5.15 | 49 |
| | 启发性反馈 | 1.88 | 4.12 | 19 |
| | 合计 | 4.29 | 9.40 | 71 |
| 个别指导 | | 0.99 | 2.17 | 1 |
| 不当行为 | | 0 | 0 | 0 |

从表 1-10 可知，教师发起的行为包括讲解、提问、组织教学，所耗时长共计 32.14 分钟。教师应答的行为包括反馈和个别指导，共计 5.28 分钟。观察与倾听行为是教师获取学生表现的行为，共计 8.21 分钟。由这些数据可以看到，课堂上的大部分时间是由教师控制的，教师针对学生的学习情况给予反馈和指导的时间比较少。

教师的讲解行为用时 18.59 分钟。以讲解现象和原理居多，同时在课堂开始时进行了复习，为学生理解本课的新内容做了认知上的准备。提问行为中，事实性问题 83 个，理解性问题 30 个，群体性问题 42 个。群体性问题是指那些无法引起学生思考且是学生齐答的问题，例如："大家想不想看看啊？""他讲得好不好啊？我们要不要给他一点掌声？""大家跟他的想法一样吗？""但是推测毕竟没有实验的证据支持，对吧？""这儿明白了吗？""没有光，这些事是不是都不能做啊？"

反馈行为中，无反馈 3 次，简单反馈 49 次，启发性反馈 19 次。个别指导出现了 1 次。

观察与倾听行为中，一般观察与倾听用时 7.04 分钟（对应于学生齐答、学生小组讨论、其他学习活动），个别观察与倾听用时 1.17 分钟。

教师无不当行为。

教师始终保持微笑，具有亲和力。

2. 学生行为分析

学生行为数据见表 1-11。

**表 1-11　学生行为数据**

<table>
<tr><th colspan="2">行为类型</th><th>行为总时长 / 分</th><th>占整节课时长比例 /%</th><th>发生次数</th></tr>
<tr><td rowspan="3">学生接受式学习行为</td><td>学生听讲与观看</td><td>34.64</td><td>75.93</td><td>193</td></tr>
<tr><td>学生阅读</td><td>0</td><td>0</td><td>0</td></tr>
<tr><td>合计</td><td>34.64</td><td>75.93</td><td>193</td></tr>
<tr><td>非全班同时进行的产生式学习行为</td><td>学生个别回答问题</td><td>1.13</td><td>2.48</td><td>9</td></tr>
<tr><td rowspan="4">全班同时进行的产生式学习行为</td><td>学生讨论</td><td>1.05</td><td>2.30</td><td>2</td></tr>
<tr><td>学生操作活动</td><td>0</td><td>0</td><td>0</td></tr>
<tr><td>学生其他学习活动</td><td>2.97</td><td>6.51</td><td>11</td></tr>
<tr><td>合计</td><td>4.02</td><td>8.81</td><td>13</td></tr>
<tr><td rowspan="3">其他产生式学习行为</td><td>学生主动提问</td><td>0</td><td>0</td><td>0</td></tr>
<tr><td>学生小组汇报</td><td>0</td><td>0</td><td>0</td></tr>
<tr><td>学生齐答</td><td>5.83</td><td>12.78</td><td>186</td></tr>
<tr><td colspan="2">学生与任务无关的行为</td><td>0</td><td>0</td><td>0</td></tr>
</table>

从表 1-11 可见，学生听讲与观看的时间为 34.64 分钟，占整节课时长达到 75.93%，也就是说，学生一节课中 3/4 以上的时间只是听与看，单纯地接受信息。前人研究表明，即使是大学生，注意维持时间也只有 10 到 15 分钟，这里学生超过 34 分钟的时间都在听教师讲课，很难保证所有学生一直能够集中精神听课，也就不能保证学生在进行有效的学习。

在产生式学习行为中，非全班同时进行的产生式学习行为是“学生个别回答问题”，共有 9 次，占整节课时长比例是 2.48%；全班同时进行的产生式学习行为有“学生讨论”、“学生操作活动”和“学生其他学习活动”，共计 4.02 分钟，占整节课时长的 8.81%，其中“学生讨论”占了整节课时长的 2.30%，“学生其他学习活动”（本节课是每个学生在自己的练习册上画示意图）占了整节课时长的 6.51%，“学生操作活动”未出现。其他几种产生式学习行为包括“学生主动提问”“学生小组汇报”“学生齐答”。这节课上，“学生主动提问”和“学生小组汇报”均未出现。“学生齐答”达到 186 次，共 5.83 分钟，占整节课时长的 12.78%。

从以上数据可以看到，学生产生式学习行为时间过短，约占整节课时长的 24%，其中所有学生都能参与的“学生讨论”和“学生其他学习活动”又只有 8.81%，全体学生都参与的积极学习时间太少。再进一步分析，“学生讨论”和“学生其他学习活动”的质量到底怎样呢？课堂上没有“小组汇报”这一行为，教师也无从知道学生小组讨论的质量如何。对于学生的画图，教师也没有采取某种方式来检查学生的完成质量。

本节课中，学生个别回答问题 9 次，齐答达到了 186 次（有些教师追问也引起学生齐答，所以学生齐答次数多于教师提问次数）。学生回答教师的问题，是学生将自己的学习理解进行外显表达的方式，同时教师也可通过学生的回答了解自己教的效果。本节课上，“齐答”事实上并不是所有学生都同时回答了问题，只是学生七嘴八舌地为教师的话“填空”，所以这种齐答既不能保证所有学生都进行积极的思考，也不能使教师确切了解学生的学习情况，从而判断自己教的效果。

本节课中，学生没有进行主动提问。在镜头中，也未观察到学生出现与任务无关的行为。

从教学组织形式看，全班活动占时 94.87%，分组活动占时 2.24%，独立活动占时 2.89%（见表 1-12）。以上数据表明，学生在课堂上的绝大部分时间是用于在教师的控制下进行统一的活动。

表 1-12 教学组织形式数据

| 组织形式 | 行为总时长 / 分 | 占整节课时长比例 /% | 发生次数 |
|---|---|---|---|
| 学生全班活动 | 43.28 | 94.87 | 4 |
| 学生分组活动 | 1.02 | 2.24 | 1 |
| 学生独立活动 | 1.32 | 2.89 | 3 |

3. 教学行为改进建议

笔者根据以上数据提出以下建议。

（1）有效的课堂应是教师激发、引导学生进行主动学习的课堂，本节课上，学生有 75.93% 的时间是在听讲与观看，94.87% 的时间是在进行全班活动。建议增加小组讨论活动、小组汇报活动的时间。要使讨论活动有效，必须设计有深度的问题，引导学生展开深入的讨论。

（2）教师提问至少要起到两个作用，一是引起学生对所学内容的思考，二是通过学生的回答检查学生是否掌握了所学内容，从而对自己下一步的教做决策。群体性问题无法起到这两个作用，建议减少群体性问题，减少学生齐答的次数。

（3）建议教师明确说明本课的学习目标，使学生形成认知定向。

（4）建议教师讲解新的学习内容时分成几个小阶段，在每个阶段后检查学生的学习效果。检查的方式可以是个别回答问题，可以是小组讨论并汇报，还可以让学生将自己的作业呈现在全班面前或请同桌评价。这样做的好处，一是督促学生精神集中、主动学习；二是保证全体学生（至少是绝大部分学生）理解所学内容，有效学习；三是教师对学生的学习情况和自己的教学效果做到心中有数，能对下一步的教学活动做出正确决策。

### （二）第 5 节课教学行为分析

经过几次如上所述的基于教学行为分析而提出改进建议的过程，到第 5 节课时，教师的教学行为有了较大的转变。

1. 教师行为分析

教师行为数据及变化见表 1-13 至表 1-18。

**表 1-13　教师行为数据**

| 行为类型 | | 行为总时长 / 分 | 占整节课时长比例 /% | 发生次数 |
|---|---|---|---|---|
| 讲解 | 讲解现象 | 3.10 | 6.74 | |
| | 讲解原理 | 10.72 | 23.31 | |
| | 评述 | 0.61 | 1.33 | |
| | 讲解方法 | 0.13 | 0.28 | |
| | 复习与练习 | 0.64 | 1.39 | |
| | 合计 | 15.20 | 33.06 | |
| 提问 | 事实性问题 | 3.42 | 7.44 | 24 |
| | 理解性问题 | 4.09 | 8.90 | 15 |
| | 群体性问题 | 0.07 | 0.15 | 2 |
| | 合计 | 7.58 | 16.49 | 41 |
| 观察与倾听 | 一般观察与倾听 | 9.37 | 20.38 | |
| | 个别观察与倾听 | 4.66 | 10.13 | |
| | 合计 | 14.03 | 30.51 | |
| 组织教学 | | 6.51 | 14.16 | |
| 反馈 | 无反馈 | 0.01 | 0.02 | 1 |
| | 简单反馈 | 1.24 | 2.70 | 19 |
| | 启发性反馈 | 1.41 | 3.07 | 16 |
| | 合计 | 2.66 | 5.79 | 36 |
| 个别指导 | | 0 | 0 | 0 |
| 不当行为 | | 0 | 0 | 0 |

教师发起的行为包括讲解、提问、组织教学，共计 29.29 分钟，占整节课时长比例为 63.70%。教师应答的行为包括反馈和个别指导，共计 2.66 分钟，占整节课时长比例为 5.79%。观察与倾听行为是教师获取学生表现的行为，共计 14.03 分钟，占整节课时长比例为 30.51%。

**表 1-14　5 节课中教师发起行为占整节课时长比例的变化**

| 行为类型 | 第 1 节 | 第 2 节 | 第 3 节 | 第 4 节 | 第 5 节 |
|---|---|---|---|---|---|
| 讲解 | 35.09% | 40.74% | 36.84% | 35.44% | 33.06% |
| 提问 | 17.70% | 21.26% | 16.00% | 15.33% | 16.49% |
| 组织教学 | 17.55% | 8.44% | 19.14% | 15.26% | 14.16% |
| 合计 | 70.34% | 70.44% | 71.98% | 66.03% | 63.71% |

从表 1-14 可以看到，经过几次基于教学行为分析而提出改进建议后，教师发起行为的时长比例有所减少。

**表 1-15　5 节课教师各类提问次数的变化**

| 行为类型 | 第 1 节 | 第 2 节 | 第 3 节 | 第 4 节 | 第 5 节 |
|---|---|---|---|---|---|
| 事实性问题 | 72 | 83 | 56 | 69 | 24 |
| 理解性问题 | 19 | 30 | 19 | 13 | 15 |
| 群体性问题 | 21 | 42 | 2 | 3 | 2 |
| 合计 | 112 | 155 | 77 | 85 | 41 |

从表 1-15 可以看到，经过几次基于教学行为分析而提出改进建议后，教师提问数量明显减少，特别是事实性问题数量明显减少，问题数量趋于合理。

**表 1-16　5 节课中教师观察行为占整节课时长比例变化**

| 行为类型 | 第 1 节 | 第 2 节 | 第 3 节 | 第 4 节 | 第 5 节 |
|---|---|---|---|---|---|
| 一般观察与倾听 | 11.01% | 15.43% | 11.67% | 20.40% | 20.38% |
| 个别观察与倾听 | 7.87% | 2.56% | 6.10% | 3.65% | 10.13% |
| 合计 | 18.88% | 17.99% | 17.77% | 24.05% | 30.51% |

教师个别观察与倾听对应学生个别回答问题，结合表 1-15 和表 1-16，本节课上教师的提问数量虽然明显减少，但个别观察与倾听的时长比例反而上升，说明学生个别回答问题的时间增多，教师获取个别学生学习情况的时间增加。

**表 1-17　5 节课中教师应答行为占整节课时长比例变化**

| 行为类型 | 第 1 节 | 第 2 节 | 第 3 节 | 第 4 节 | 第 5 节 |
|---|---|---|---|---|---|
| 反馈 | 10.72% | 9.40% | 9.30% | 9.52% | 5.79% |
| 个别指导 | 0 | 2.17% | 0.85% | 0.37% | 0 |
| 应答行为 | 10.72% | 11.57% | 10.15% | 9.89% | 5.79% |

**表 1-18　5 节课中教师各种反馈次数的变化**

| 行为类型 | 第 1 节 | 第 2 节 | 第 3 节 | 第 4 节 | 第 5 节 |
|---|---|---|---|---|---|
| 简单反馈 | 54 | 49 | 46 | 43 | 19 |
| 启发性反馈 | 27 | 19 | 15 | 24 | 16 |
| 合计 | 81 | 68 | 61 | 67 | 35 |

从表 1-17 和表 1-18 看到，由于提问数量显著减少，相应地，反馈时长比例和次数也显著减少。但是，启发性反馈占总反馈数量的比例提高了。

2. 学生行为分析

学生行为数据及变化见表 1-19 至表 1-23。

**表 1-19　学生行为数据**

<table>
<tr><th colspan="2">行为类型</th><th>行为总时长 / 分</th><th>占整节课时长比例 /%</th><th>发生次数</th></tr>
<tr><td rowspan="3">学生接受式学习行为</td><td>学生听讲与观看</td><td>30.65</td><td>66.70</td><td></td></tr>
<tr><td>学生阅读</td><td>0</td><td>0</td><td></td></tr>
<tr><td>合计</td><td>30.65</td><td>66.70</td><td></td></tr>
<tr><td>非全班同时进行的产生式学习行为</td><td>学生个别回答问题</td><td>4.54</td><td>9.88</td><td></td></tr>
<tr><td rowspan="4">全班同时进行的产生式学习行为</td><td>学生讨论</td><td>1.78</td><td>3.87</td><td>2</td></tr>
<tr><td>学生操作活动</td><td>0</td><td>0</td><td>0</td></tr>
<tr><td>学生其他学习活动</td><td>7.49</td><td>16.30</td><td>6</td></tr>
<tr><td>合计</td><td>9.27</td><td>20.17</td><td>8</td></tr>
<tr><td rowspan="4">其他产生式学习行为</td><td>学生主动提问</td><td>0.07</td><td>0.15</td><td>1</td></tr>
<tr><td>学生小组汇报</td><td>0</td><td>0</td><td>0</td></tr>
<tr><td>学生齐答</td><td>1.42</td><td>3.09</td><td>33</td></tr>
<tr><td>合计</td><td>1.49</td><td>3.24</td><td>34</td></tr>
<tr><td colspan="2">学生与任务无关的行为</td><td>0</td><td>0</td><td>0</td></tr>
</table>

学生的接受式学习行为总时长 30.65 分钟，占整节课时长 66.70%。产生式学习行为总时长 15.30 分钟，占 33.30%。

**表 1-20　教学组织形式数据**

| 组织形式 | 行为总时长 / 分 | 占整节课时长比例 /% | 发生次数 |
|---|---|---|---|
| 学生全班活动 | 36.68 | 79.86 | 8 |
| 学生分组活动 | 1.77 | 3.85 | 2 |
| 学生独立活动 | 7.48 | 16.29 | 6 |

**表 1-21　产生式学习行为占整节课时长比例的变化**

| 行为类型 | 第 1 节 | 第 2 节 | 第 3 节 | 第 4 节 | 第 5 节 |
|---|---|---|---|---|---|
| 全班同时进行的产生式学习行为 | 7.05% | 8.81% | 8.35% | 10.36% | 20.17% |
| 所有产生式学习行为 | 21.44% | 24.07% | 19.95% | 21.45% | 33.29% |

**表 1-22　学生各种学习行为占整节课时长比例的变化**

| 行为类型 | 第 1 节 | 第 2 节 | 第 3 节 | 第 4 节 | 第 5 节 |
|---|---|---|---|---|---|
| 学生听讲与观看 | 78.56% | 75.93% | 80.05% | 74.24% | 66.70% |
| 学生阅读 | 0 | 0 | 0 | 4.31% | 0 |
| 学生讨论 | 0 | 2.30% | 4.31% | 5.20% | 3.87% |
| 学生操作活动 | 0 | 0 | 0 | 0 | 0 |
| 学生其他学习活动 | 7.05% | 6.51% | 4.04% | 5.16% | 16.30% |
| 学生个别回答问题 | 5.82% | 2.48% | 5.59% | 3.74% | 9.88% |
| 学生小组汇报 | 0 | 0 | 0 | 0 | 0 |
| 学生主动提问 | 0.77% | 0 | 0.17% | 0.27% | 0.15% |
| 学生齐答 | 7.73% | 12.78% | 5.47% | 6.99% | 3.09% |

综合表 1-20、表 1-21 和表 1-22 可以看到，产生式学习行为的时长比例和全班同时进行的产生式学习行为的时长比例都明显增加，主要是因为本节课的学生独立活动（完成学案上的练习题）时间较多。

**表 1-23　学生齐答次数的变化**

| 行为类型 | 第 1 节 | 第 2 节 | 第 3 节 | 第 4 节 | 第 5 节 |
|---|---|---|---|---|---|
| 齐答 | 117 | 186 | 76 | 91 | 33 |

从表 1-23 可见，学生齐答的次数大幅减少。

本研究说明，教师可以通过记录、分析、反省而知课堂教学行为的不足，然后改变课堂教学行为。

# 第二章

# 好课与教学行为

前面的章节我们已经讨论了进行课堂实证研究的必要性和可行性，如果追问实证研究的前提是什么，即对教学行为依据什么假设进行分类，我们可以发现，背后的假设其实是：什么样的课才是好课。对好课标准的判断，会影响对行为的分类。因此，我们现在有必要来探讨好课里的教学行为是怎样的，特别是在好的生物学课堂里教学行为有什么特点。

“好课”并不是一个具有明确界定的学术概念，而是一个日常表达的概念。一般来说，大家说的“好课”，常常会等同于“优质课”“有效教学”等。

# 第一节　好课是如何“教”的

为什么有的教师那么会“教”？会教的教师，一定具有良好的教学行为，这些教学行为共同组成一堂好课，最终影响学生的学习效果。

## 一、好课标准或好教师的行为特点

什么是好课？有学者对好课的界定是从内涵的角度去阐述的。例如，一堂好课是在遵循教育规律和人的成长规律基础上，在具体的教学实践活动中，既彰显高品位的教育理想，又追求高质量的教学效果，实现质量效率与品位追求的和谐统一。[1] 阐述好课的内涵，可以给我们判断好课提供参考，但是，它毕竟不是可以操作的标准或可以测量的尺子。因此，有必要探讨判断好课的标准是什么。

关于好课的标准，众说纷纭，可以说是见仁见智。

郑金洲将好课的标准概括为“十化”：课堂教学的生活化、学生学习的主动化、师生互动的有效化、学科教学的整合化、教学过程的动态化、教学资源的优化、教学内容的结构化、教学策略的综合化、教学对象的个别化、教学评价的多元化。崔允漷将好课标准归纳为“教得有效、学得愉快、考得满意”十二字。[2]

有学者从心理学理论出发，立足于师生课堂行为，构建好

[1] 曹培杰. 一堂好课的内涵、特征及核心要素 [J]. 今日教育，2015（12）：32-35.

[2] 林清华，何恩基. 什么是一堂好课？：课堂教学评价标准研究述评 [J]. 中小学管理，2004（6）：23-26.

课的标准为如下六条：学生学习的主动性、有效的互动性、自行获取知识的实践性、学生真正的理解性、预备学习材料的良好组织性和学生学习的反思性。[1]

甚至有人认为好课无标准。[2]

笔者认为，虽然关于好课的标准或特点难以完全一致，要找到一个既具有统领意义，又可观察、可操作的好课标准非常难，但是，探讨好课的标准，还是有助于我们提高教学质量、改善教学行为的。因此，尝试去寻找标准，还是有意义的。

确定一堂好课的标准难度很大，而确定好课的特点、特征则相对容易一些。实际上，课堂教学实证研究人员很少说“标准”，而一般都说“特征”，因为是“特征”导致的“效应”，所以，把握起来更为从容[3]。

有学者总结了优质课堂的十大特征：清晰的课堂教学结构、高比例的有效学习时间、促进学习的课堂气氛、教学内容清晰明确、创建意义的师生交流、教学方法多样化、促进学生个体发展、巧妙地安排练习任务、明确的学习成果期望、完备的课堂教学环境。[4]

有学者从评课者观察课堂教学的角度提出一堂好课应有五个特点：一是有意义的课，即扎实的课；二是有效率的课，即充实的课；三是有生成性的课，即丰实的课；四是常态下的课，即平实的课；五是有待完善的课，即真实的课。[5]

以上关于好课的标准或特征的探讨，对于我们认识什么样的教学行为可能是有效的有启发，但是，这些探讨还不是可观察的良好的“教学行为”特征。

---

[1] 王光明，王合义 . 运用建构主义观点探讨一堂好课的标准 [J]. 中国教育学刊，2000（2）：59-60.

[2] 程光泉 . 好课无标准 [J]. 教育科学论坛，2008（3）：41-42.

[3] 迈尔 . 怎样上课才最棒：优质课堂教学的十项特征 [M]. 黄雪媛，马媛，译 . 上海：华东师范大学出版社，2011：11.

[4] 同 [3]15-106.

[5] 叶澜 . 什么样的课算一堂好课 [J]. 福建论坛（社科教育版），2005（11）：4-6.

以下有关好课或好的教学行为的标准、特征的叙述，则离可观察的教学行为更接近一些。

《美国高等教育协会公报》（1987 年）列出了好教师具有以下行为特点。

（1）设定高期望：设定具有挑战性的学习目标；采用口头和书面方式明确期望；明晰未完成工作的后果；鼓励学生良好地进行书写和语言表达；讨论课程进度；就高的学业标准的重要性进行沟通。（2）鼓励学生之间合作：要求学生互相解释困难的概念；询问学生的兴趣和背景；鼓励学生共同做上课的准备；允许学生互相批评对方的学习；创建学习组和项目团队。（3）强调及时性：期望学生及时完成作业；估计并交流在任务上花费的时间；鼓励报告前做排练；鼓励稳定的工作和合理的时间管理；提供及时反馈。（4）提供充足的评价机会：准备课堂活动以提供即时反馈；在一周内返回分级作业；对学期初期开始的学习进行详细的评估；在课程开始时进行预测试，以评估学生的课程背景。（5）鼓励学生与教师互动：采取适当的举止表达自己平易近人的态度；欢迎学生来教师办公室；尊重不同的才能和学习方式。（6）鼓励学生参与：使用多样化的教学活动；鼓励主动学习；请学生在全班介绍自己的工作；要求学生将外部事件与课堂材料建立联系；对学生真实的生活情况进行分析；在课堂上使用模拟和角色扮演；鼓励学生挑战课程材料；让学生清楚地知道不尊重教师或其他学生是不适当的。

国际教育科学院2010年提出，“有效的教”的10个原理是：（1）每日复习；（2）小步子呈现新的学习材料；（3）提问；（4）提供示范；（5）指导学生练习；（6）检查确认学生的理解；（7）获得高成功率；（8）为困难任务提供脚手架；（9）独立练习；（10）每星期每月进行复习。[1]

---

[1] ROSENSHINE B. Principles of instruction[M]. St Julien: Imprimeric Villiere, 2010: 8-27.

基于脑科学的研究成果，良好的教学具有以下特点。[1]

（1）营造良好的课堂氛围。恐怖、胁迫的环境会降低教学效果，而愉悦、和谐民主的氛围有助于激发动机、提升记忆保存和促进学习意义提炼。

（2）课堂教学内容应适量，不可过多。工作记忆的容量有限，超越学生年龄段的强制性大量灌输，造成学习负担过重，学习效果并不好。

（3）有效应用多种新鲜刺激方式。如音乐、幽默、信息技术等手段，可以维持学生的学习兴趣，使学生更多地投入学习。

（4）合理利用首因—近因效应。学习时间不宜过长，在学习时间段内可以用讲笑话、讲故事、休息等方式来调节。

（5）重视学习心理中的闭合（closure）律（人们心理上不喜欢有头无尾的东西。我们看到一件未完成的图形时会倾向于完成它，这就是心理学上的闭合律）的作用。给学生充足的时间和机会来完成内容的加工和给内容赋予意义。

（6）让学生把想象作为保持的策略。例如，画思维图可以作为一种想象形式，来保持学习成果。

（7）让学生参与讲述和活动。鼓励学生参与，调动他们的积极性，让他们在情境中加强学习与经验的联系。

（8）独立练习要在有指导的练习之后进行。教师的指导示范对于学生练习应用新掌握的内容非常关键。

（9）运用概念图。运用概念图可以用视觉形式表达内容的关联，建立事实、概念之间的联系。

（10）鼓励高阶思维。提供复杂性任务，让学生将知识、理解、应用、分析、综合、判断等不同层次的信息进行综合处理，课堂里关注分析、创造和实践能力的应用。

（11）课程是面向所有学习者的。充分考虑不同学生在能力、认知特

---

[1] SOUSA D A. The leadership brain: how to lead today's schools more effectively[M]. Thousand Oaks, CA: Corwin Publishers, 2003: 101-115.

点方面的差异，课程内容、作业和评价具有一定的可选择性。

美国华盛顿州的《优秀教师行为守则》里有许多值得我们去认真反思与学习的地方。这是很实用的优秀教师的守则，简单易行。

（1）记住学生姓名。（2）注意参考以往学校对学生的评语，但不持偏见，且与辅导员联系。（3）锻炼处理问题的能力，充满信心；热爱学生，真诚相待；富于幽默感，办事公道。（4）认真备课，别让教学计划束缚你的手脚。（5）合理安排课堂教学，讲课时力求思路清晰、明了，突出教学重点。强调学生理解教师意图，布置作业切勿想当然，且应抄在黑板上。（6）熟悉讲课内容，切勿要求学生掌握你所传授的全部内容，并善于研究如何根据学生需要和水平进行课堂教学。（7）教室内应有良好的教学气氛。教师应衣着整洁，上课前应在门口迎候学生，制止他们喧哗嬉闹。（8）课前应充分准备，以防不测。（9）严格遵守规章制度。让学生知道学校规章，张贴规章于课室内，并解释说明。（10）步调一致。对同一错误行为，采取今天从严、明天应付的态度会导致学生无所适从，厌恶反感。（11）不使用不能实施的威胁语言，否则将会言而无效。（12）不能因少数学生不轨而责怪全班。（13）不要发火。在忍耐不住时可让学生离开教室，待到心平气和后再让他们进来上课。教师应掌握一些基本原则，不能在家长面前说的话也决不能在学生面前讲。（14）在大庭广众下让学生丢脸，并非成功的教育形式。（15）有规律地为班上做些好事。协助布置课室，充分利用公告栏来传达信息。注意听取学生不同反映，但应有主见，不随大流。（16）要求学生尊敬老师，教师也需以礼相待。（17）不要与学生过分亲热，但态度友好。记住自己的目的是尊敬，而不是过分随便。（18）切勿使学习成为精神负担。（19）大胆使用电话，这是对付调皮学生和奖励优秀学生的有效手段。学生家长欢迎与教师保持联系。（20）在处理学生问题上如有偏差，应敢于承认错误。你将得到的是尊敬，而不是其他。（21）避免与学生公开争论，应个别交换意见。（22）与学生广泛接触，互相交谈。（23）避免过问或了解学生的每个细节。（24）应保持精神抖擞，教师任何举止都会影响学生。（25）多动脑筋，少用武力。（26）处理学生问题时，应与行政部门保持联系，当你智穷力竭时，会得到他们的帮助。

关于好课的标准或特征，只要继续查阅文献，我们还可以列出很多来。不过，这些已经够多了。

对以上关于好课特征的描述，我们尝试做一个总结概括，好课上老师的教一般具有以下特征：

清晰地表达学习目标；

小步子呈现新的学习材料，给学生实践机会完成意义加工；

合理利用首因—近因效应，利用好学习高效期，控制讲述时长；

有效应用多种刺激方式，维持学生的学习兴趣；

鼓励学生的参与和互动；

及时反馈；

提供练习和复习……

## 二、好的“科学类”课的标准或教师的良好的行为特点

生物学是科学教育领域的一门科学，关于科学教学的一般规律，也值得我们去借鉴。

有科学教育工作者指出，要获得良好的科学课程的课堂教学，教师应该对课堂教学做好规划，使得学生有动机学习；进行测评和评述；带着新的观念去冒险做实验（taking risks to experiment with new ideas）；营造积极的课堂氛围；培育与学生融洽的关系，奖励他们的努力而不是他们的成绩；等等。[1]

国际教育科学院在 *Teaching Science* 一书中提出，好的科学教师接受以下方法并以此行动：尊重和接受每位学习者的独特看法；在选择和使用特定的教学策略和技术时，考虑学习者的已有知识和兴趣；相信所有学生都能而且愿意学习；创建一个富有挑战性但没有恐惧感的学习环境；致力于所有学习者的学习和知识成长；认为自己有能力、可靠，且态度通常是

[1] ROSS K, LAKIN L, MCKECHNIE J. Teaching secondary science: constructing meaning and developing understanding[M] .3th ed. New York: Routledge, 2010: 3-9.

积极的；相信每位教师能够有效地教学，有效的教学将带来积极的学习成果。[1]

Yager 提出，基于建构主义的科学教学特点是：挑选并运用学生的问题和观点来指引某些课堂，甚至整个教学单元；接受并鼓励学生提出自己的观点；促进学生的领导能力，推动他们合作、寻找信息，并采取行动获取学习结果；适时改变计划，通过学生的思考、经验和兴趣来推动课堂；鼓励运用其他书面材料以及专家等资源；运用开放式问题，鼓励学生详述自己的问题和回答；鼓励学生提出事件及情境的成因，并鼓励他们预测结果；鼓励学生测试自己的观点，即回答自己的问题并自己分析原因、预测结果；在讲述教师观点或者教科书和其他来源的观点之前，先寻找学生的观点；鼓励学生挑战彼此的观点；运用合作学习策略，强调合作的重要性，鼓励学生彼此尊重、分工合作；给学生足够的时间反思和分析，并尊重学生所提出的观点；鼓励学生自我分析、搜集证据支持自己的观点，在新经验和证据的基础上进一步完善自己的观点。[2]

生物课作为科学领域的一门课程，自然是需要反映科学的本质，提升学生的科学素养的。上述关于好的科学课的讨论，是集中在教学行为本身的探讨，还没有就行为所承载的教育内涵去进行分析。如果结合科学课本身应该具有的特点来看，科学领域的一门课程，应该有证据，有逻辑；有理解，有质疑；有辩论，有共识。从教学的内容来说，应该有科学结论（知识），也有科学过程（科学史、科学探究）；有知识，有方法，有精神。这些内容，我们在后文还要展开讨论。

## 第二节　好的生物课是怎么“教”的

制定课堂评价标准时，可从三个维度来考虑：一般特点维度，包括教

[1] STAVER J R . Teaching science[M] . Belley: Imprimerie Nouvelle Gonnet, 2007: 8.

[2] YAGER R E. The Constructivist learning model[J] . The science teacher, 2000, 67(1): 44-45.

师观念的四个方面；学科特点维度，包括学科的工具性特点，学科思想、学科方法的体现，学生学科学习特点体现和学生学科参与效度；文化特点维度，包括学科的生活特点、学科史知识和人文性渗透。

每一堂好课都是好的“数学课”“语文课”……不存在一节抽象的“好课”[1]。好的生物课除了具备一般好课的共同特点，也有自身学科独有的特点。

前面我们探讨的是普遍意义的好课，现在我们有必要结合生物学学科课堂去具体地说一说好课的特点。特别是对作为科学领域的一门课程来说，好课，一定要有自己的学科特色，有科学特色。

## 一、从思辨的角度分析好的生物课的特点

黄皓从名师们的示范课中总结出一堂物理好课所共同具有的基本特点，即“润物无声”的科学方法和“智慧理性”的人文关怀。强调物理课堂教学需要的是充满高度人文关怀的科学精神，指出一堂物理好课是理性的科学方法和感性的人文关怀的有机融合，并让学生感悟到学习物理的意义所在。[2] 因为同样是科学类课程，所以物理课的好课特点能给我们启发。那么，生物课的好课特点应该是什么呢？

### （一）“生物课”是中学生物课好课的基点

中学生物课首先应该是“生物课”，然而有些生物课却上得不像生物课。因此，有必要回到常识，讨论中学生物课上“应该教什么”这样的本原性的问题。

1. 教学内容有生物学基本知识和基本技能支撑

知识是学生发展的起点，知识的教学是有效的中学生物课的根基。生物学知识是由生物学事实、概念、原理、规律和模型构成的一个系统。学生在生物课上所学习的应该是生物学知识中最有育人价值的内容。什么样的知识更有育人价值？初中和高中生物课程标准中的“具体内容标准”已

[1] 高向斌 . 对一堂好课标准的调查研究 [J]. 上海教育科研，2006（8）：64-66.

[2] 黄皓 . 也谈一堂好课的基本特点 [J]. 物理教师，2014，35（10）：23-25，28.

经对此作了回答，生物教科书还进一步具体化了这些内容。实际教学中，只要依据课程标准的要求，重视用好教材来进行教学，而不是为了求“新”而使教学内容泛化、活动形式化，教学一般不会偏离知识这一根基。需要注意的是，在引导学生理解知识的同时，也要注意提升学生的基本技能。生物课程内容本来就包含学生应达到哪些能力目标，这些目标需要通过一节节课去达成。在达成这些目标的课堂教学过程中，同步提高学生的观察技能、记忆技能，以及分析与综合、比较与分类、抽象与概括、判断与推理等思维技能；让学生尝试运用这些技能在新的情境中解决问题，同时在评判和辩护过程中，学会表达交流的技能。

2. 知识内容之间有学科内在的逻辑联系

掌握生物学基础知识和基本技能是生物科学素养构成的基本要素，但是，如果只记住零散的知识点，其结果很可能是“只见树木而不见森林”，从而使这些知识和技能失去提升智慧的价值。生物学知识是一个经过实践检验和逻辑证明的知识系统，是一个结构化的体系。因此，有效的生物课，既立足于具体的知识和技能，又有整体意识，它关注知识之间的内在逻辑联系：既注意了本节所学知识之间的逻辑关系，又注意到这一节课与之前已经学习过的内容和即将学习的内容之间的联系，从而帮助学生将所学知识结构化、网络化。

整体意识的实现，不但需要考察具体知识内容之间的直接关系，还需要有生物学思想观念的统领。有学者曾提出：从基因的视角看生命，从本质上理解生物个体的生长和发育，理解生命形式的多样性与本质上的共同性的统一，理解生物多样性、遗传和进化；从系统的视角看生命，认识从细胞到生物圈多层次的生命系统；从历史的视角看生命，了解生物遗传程序的特定适应意义，并能从邻近因果和最终因果这两个方面去解释生命现象；从统一的视角看生命，综合运用基因、系统和历史的三维视角，深入理解生命世界[1]。

例如，有整体意识的高中生物课，会注意模块的主线和思想。人教版

[1] 赵占良 . 试论提升学生的生物学理解力 [J]. 课程・教材・教法，2003，23（1）：58-61.

生物学教材必修 1“分子与细胞”模块的课堂里，就以“细胞”为支点，以理解这一基本生命系统的组成、结构、功能和生命历程为主线。在具体知识的教学中，融入生物学思想观念，引导学生建立结构与功能、物质与能量、系统观等生命观念。

### （二）素养提升是好课的内在生命力

在回答了“教什么”这一问题的基础上，我们应该进一步追问“为什么教”这一问题。讨论这一问题离不开对教育目的的追问。教育的最终目的，是促进人的发展。科学教育不只是事实教学、知识教学，更重要的是价值教学[1]。让学生掌握基础知识和基本技能，是生物课的目的之一，但不是目的的全部。

1. 中学生物课要关注生物学的育人价值

中学生物课和生物学并不完全等同，它既立足于生物学，又关注生物学的育人价值。我们在思考具体教学内容的处理、知识细化的程度等问题时，既要考虑生物学内在的逻辑结构，又要考虑该内容的育人价值，并关注如何实现该内容的育人价值。在实际教学中，过犹不及，而背离这一常识者却不鲜见。例如，在教学初中生物实验“测定食物中的能量”时，有教师下了很多功夫对测量装置进行改进以“测准”。事实上，这个实验的主要教学目的，并不是让学生精确测量食物中含有多少能量，而是让学生通过实验观察到食物中确实含有能量，认识不同食物中含有的能量的多少可能不同，而所含能量多少可以通过一定的方法来测量，并且测量是有误差的，需要对误差和造成误差的原因进行分析。

2. 好的生物课是有内在灵魂的课

一节好的生物课，应该有内在的灵魂支撑，能给人以精神的力量。这种支撑和力量，来自思想。

（1）注意引导学生形成辩证唯物主义自然观

帮助学生形成辩证唯物主义自然观，是中学生物课程的基本要求之一。生物学中蕴涵着丰富而独特的自然观教育内容。学生在学习生物学的过程

---

[1] 欧阳钟仁 . 科学教育概论 [M]. 台北：五南图书出版有限公司，1987：99.

中形成的辩证唯物主义自然观，可能会使他们终生受益。因此，我们期望，在生物学课堂可以见到这样的基本观点：生命是物质的，生命的多样性和统一性并存，生物界存在着普遍联系，生物界在发展变化；生物界中的对立统一，表现在生命的连续性与间断性之间、生物学规律的普遍适用性与特例的不适用性之间的对立与统一，以及生物界的部分与整体（如个体与种群、生物与环境）、合成与分解、遗传与变异等相互关系上。贯穿了辩证唯物主义自然观的课，会注意避免将生物学规律绝对化，也就不会出现“鱼为了游泳而有鳍”这样的叙述。

（2）注意让学生感悟生命之美和生物学的魅力

有效的生物课，往往能给学生以美的享受，让学生在审美的愉悦中迸发生命的自我发现和自我实现，从而有更好的学习效果。生物课上展现出的美，主要有生命之美和生物学之美这两个方面。生命是复杂、多样、和谐而美丽的，它包含着生物无限的多样性之美，生命系统内在的有序性之美，生命系统作为整体而存在的和谐之美等。研究这样的对象，过程显然也是充满着美感的。

生物学是一门科学，它还蕴涵着科学理性之美，它能引导学生质疑、求证、合乎逻辑地论辩，它闪耀着理性的光辉。

（3）注意弘扬科学精神和培植科学态度

生物学是一门科学，生物课应该体现科学的本质特点，它不仅仅是让学生记住一些结论性的生物学知识，还能让学生体验到生物学知识是怎样形成的，理解科学的过程和方法，形成科学精神并养成科学态度。

客观的依据、理性的怀疑、多元的思考、平权的争论、实践的检验是科学精神的内涵[1]。弘扬科学精神的生物课应挖掘这些内涵：在课堂对话中，应有质疑、有辩驳，能听到“我们观察到”“我们能推论出”“我们可以归纳出”这样的话语；教学内容的选择和组织，应有助于学生区分“科学”和“非科学”，能帮助学生追溯生物学知识的发展，能让学生感受到科学家是如何从事生物学研究的，有助于学生领悟生物学事实和结论之间

---

[1] 蔡德诚．让科学理性的光芒普照 [J]. 科学对社会的影响（中文版），1999（2）：17-18.

的关系，有助于学生理解生物学与社会的关系。在教学方法上，科学史法和探究法是培养科学精神的较有效的教学方法，采用科学史法的课，所用科学史素材应恰当有度，能帮助学生理解生物学知识和知识的形成过程；采用探究法的课，应该是适合采用探究法教学的课，探究的是能探究、适合探究的问题，探究的过程科学规范、结果可信，结果和结论之间逻辑严密。在这样的课堂里，学生能在阅读、思考、对话、倾听等过程中，理解、感悟并内化科学精神。

如果课堂里科学精神真正得到弘扬，学生的创新精神也将得以培植，学生将能形成理性的怀疑和实事求是的态度，而这正是科学态度的核心。

（4）教学中科学精神与人文精神交相辉映

在提升科学精神的同时，中学生物课里也应该弘扬人文精神。人文精神关注、尊重人的价值，帮助人理解和把握生存的意义，并对现实生活中的一切（包括科学技术）给予一种人文精神的观照。事实上，科学精神与人文精神在历史上同源，在现实中又都是人类文化不可分割的一部分；科学精神和人文精神又具有互补性，二者互相促进，科学给人以力量，人文给人以方向。给人以精神陶冶的生物课，既应给予学生科学精神的熏陶，又应体现人文关怀：它体现了 STS 教育的精神，把科学放在社会的大视野中观察，引导学生理解仅靠科学不能解决人类所有的问题，人文精神不可或缺。

### （三）符合教育心理学规律是好课的实现路径

提高课堂教学的有效性需要前述的目标指引和内容支撑，而要达成目标，有效地组织教学内容，显然需要依据教育心理学规律教学。有关教育心理学方面的理论较多，本书无意一一列举，仅根据现实中常出现的问题而略举 3 例。

1. 联系学生的已有经验

奥苏贝尔曾说：“影响学习的唯一最重要的因素，就是学习者已经知道了什么。要探明这一点，并应据此进行教学。”有效的教学，显然是调动了学生已有的知识经验，并基于此进行的教学。

2. 能帮助学生跨越学科逻辑与学习心理之间的障碍

在许多时候，学科逻辑结构与学生学习心理结构并不一定完全重合，教学中需要通过多种有效途径，帮助学生跨越认知心理与学科逻辑结构之间的鸿沟。尤其是在一些教学难点的突破和教学重点的把握方面，往往需要教师搭好脚手架；在知识结构化的途径上，也往往需要教师的指导。

一节有效的生物课，教师的关键作用在于依照认知规律，结合学生的已有经验基础，引导学生把握重点、突破难点，为他们的概念学习提供充分的事实材料支持，并对所学知识进行结构化：课堂里，教师营造的学习情境切合教学主题；教师会基于学生的学习反馈调整教学进程；教学中会遵循渐进分化原则和综合贯通原则，将新旧知识通过相互作用构成联系；整堂课有有效的线索贯穿，总结时着眼于知识结构化和能力的提升……

3. 教学时间分配合理

课堂时间宝贵而有限，时间的分配上显然应向核心概念、重要事实、原理、规律等倾斜，以保证重要内容的学习。尽管教学实践中，不乏时间分配极不合理的案例，但一节课上不同内容应分别占有合适的教学时间是业内人士的共识，此处不再强调。

在教学内容的顺序安排上，同样要依据教育心理学的规律。在学习情景中，学生倾向于对最先接触的信息或材料有最深的记忆，其次是最后接触的信息，这就是首因—近因效应。学生的课堂学习过程中有低沉期和高效期。一节 40 分钟的课，学生会在第 20 ～ 30 分钟时出现一次长达 10 分钟的低沉期[1]。因此，40 分钟的课里科学合理的时间分配大致原则是：最初的高效期，应该在吸引了学生的注意力之后就教新的学习材料，而不宜让学生信马由缰地讨论，也不宜花太多的时间来强调课堂纪律，或检查作业、点名等；在低沉期，可以让学生练习新学习的内容，或者将所学新内容与学过的知识进行比较，也可以进行学生活动；在后一个高效期，可以进行概括、总结、提炼、升华，以帮助学生巩固、提高。

---

[1] 苏泽 . 脑与学习 [M] . “认知神经科学与学习” 国家重点实验室，脑与教育应用研究中心，译 . 北京：中国轻工业出版社，2005：73-74.

以上我们以解析的方式，剖析了有效的中学生物课应包括哪些基本特征。事实上，一节课是由教师、学生、教学内容和教学环境构成的系统，是由教学目标、经验的选择和组织，以及教学评价等环节构成的整体。并且，教学既是科学，又是艺术。作为科学，它有规律可循；作为艺术，每一节课都是师生共同创造的不可复制的作品。因此，一节有效的生物课一定不是以上要素的机械组合，而是基于教学内容和课堂教学实际，由多种要素、多种系统组分恰当有序地组合而构成的有机整体。

## 二、从实证研究的角度看好的生物课

从思辨的角度去判断好课的标准是必要的，因为思辨的前提，是教育目标、是科学哲学、是教育心理学，这样的思辨能给我们界定好课提供基本的指导方向。然而，如果我们只满足于思辨，而不能从实践中获取营养，那么，这种对好课的探索将永远游离于科学之外。因此，从实证的角度去探讨好课的特点，是十分必要的。

然而，要做好关于好课标准的实证研究，难度非常大。笔者采取了两种方法来获取实证材料：一是已有文献中关于一节好的生物课标准的探讨，二是特级教师访谈。

### （一）已有文献的梳理

已有文献中并不缺乏关于好的生物课的标准的探讨，其中，既有已发表的研究性论文，也有通过总结众多的教学技能大赛、教学比赛等活动中关于生物课教学的评审标准形成的文献。以下选择其中较有代表性的文献简要叙述如下。

赵占良老师认为：生物课最基本的是要突出一个字——“活”。生物都是活物，生物课一定要讲“活”。怎么体现这个“活”字呢？第一，知识要学活。概念教学要重在理解概念的实质，不去抠字眼。如果仅仅是抠字眼而对概念的实质不理解，那你就没法“活”起来，会越学越“死”。第二，思维要活跃。能不能调动学生的思维、激活学生的思维是非常关键的，学生如果只是被动地听老师讲，那肯定“活”不起来。第三，思维要灵活。思维光活跃了还不行，还得灵活。如果学生总是钻牛角尖，不会换角度来思考，思维没有发散性，那这种思维再活跃也不行。生物界的多样性、复杂性决定了我们学生物学需要思维上的灵活性。第四，要有有效的学生活动。学生活动既要包括探究活动，又要包括实践活动。第五，要联系现实生活。即使学习非常微观的内容，也要联系现实生活。第六，启迪人生，引导学生创造未来生活，这是最高的要求……生物教学如何做到启迪人生呢？……比如我们讲细胞，会讲到细胞凋亡，细胞凋亡是细胞自动结束自己生命的过程，这是为个体做贡献、为整体做贡献，当然也是由基因决定的。我们联系每个人在社会里边生活，有时候也需要一些牺牲精神，牺牲个体、牺牲局部是为了整体……如果将细胞学讲到这个程度，是不是对学生的人生有启迪呢？[1]

赵老师关于好的生物课的阐述，有理论高度，对于现实情况也有针对性，这能给我们很多启发。

曾鹏光老师在《高中生物课堂教学有效评价的研究》一文中，根据公开课、观摩课中的互听互评和学校生物组的实际情况制定了以下的评价体系（见表 2-1）：

**表 2-1　高中生物课堂教学评价体系**

| 评价项目 | 评价内容 | 项目评语 |
| --- | --- | --- |
| 1. 教学目标的评价 | ①教学目标的确立是否符合《普通高中生物课程标准（实验）》的要求<br>②教学目标的确立是否符合三维目标的要求<br>③教学目标是否清晰、切实可行<br>④完成教学目标的情况 | |

[1] 赵占良 . 基于核心素养的听评课 [J]. 中学生物教学，2017（7）：4-7.

续表

| 评价项目 | 评价内容 | 项目评语 |
| --- | --- | --- |
| 2. 教学内容的评价 | ①教学内容是否重难点正确，突出重点，突破难点<br>②教学内容的深度、广度是否符合《普通高中生物课程标准（实验）》的要求和教学目标的设定<br>③相关基本概念、原理和规律的表述、论证及相关事实是否正确<br>④教学内容是否联系实际，既结合学生的生活经验，从而降低学习难度，又加强课堂教学与生活的联系<br>⑤教学内容中的实验处理是否符合要求，是否创设演示实验或学生实验为教学服务<br>⑥教学内容是否注意学生的知识结构和认知结构。既能注意学生知识的承上启下，又能按由易入难、由低到高等梯度编排和设计<br>⑦是否通过小结使教学内容系统化和规律化<br>⑧预定的教学内容能否按时、按质、按量完成 | |
| 3. 学生活动及学习方式评价 | ①学生对本节课学习目标是否明确，重点是否掌握，难点是否突破<br>②学生思考、回答老师提出问题的积极性、主动性、准确性如何<br>③学生独立、自主提出问题或不同见解的积极性如何<br>④学生是否积极、主动地参与实验并与他人合作、交流<br>⑤学生针对问题、实验现象、结论、规律等的分析、讨论、交流的积极性和主动性如何<br>⑥学生的思维是否得到锻炼，学习、探究能力是否得到提高 | |

续表

| 评价项目 | 评价内容 | 项目评语 |
| --- | --- | --- |
| 4. 教师教法和手段的评价 | ①是否能依据教学内容及三维目标并结合不同学生的心理、认知等特点对教学方法进行优选和最优结合<br>②是否能创设问题情景，提高学生的学习兴趣和促进学生形成学习动机<br>③是否能通过语言、实验、生物史实、现实生活等创设愉快、轻松的学习氛围<br>④是否注意对学生的学习方法进行指导并渗透科学方法的教育<br>⑤是否通过多媒体、创设实验等手段辅助教学，效果如何<br>⑥是否通过多种方法和手段引导学生自主提出问题、见解，积极探讨并给予适当的评价 | |
| 5. 教学组织和管理的评价 | ①师生之间的信息交流是否通畅，教师是否能及时掌握学生各方面的反馈信息，及时调整教学<br>②师生之间的教与学关系是否融洽，教师的主导地位和学生的主体地位是否明确<br>③教师对课堂突发情况的处理是否得当<br>④课堂结构、时间分配是否合理<br>⑤设计的问题、练习、作业等是否有针对性，有利于提高教学效果 | |
| 6. 教学语言、教态的评价 | ①教学语言是否清晰、简练、准确、生动有趣、条理分明、逻辑严密<br>②是否能运用流利、标准的普通话教学<br>③语速是否适中，语调是否抑扬顿挫<br>④教态是否亲切自然、端庄大方 | |
| 7. 学生的评价 | ①学生听完本节课的收获、体会<br>②学生对本节课教师教学的评价<br>注：本项目内容待下课后向学生了解、收集信息 | |
| 8. 总评语 | | |

武汉市武昌区武昌教研培训中心 2010 年 4 月 12 日发布的《关于武昌区中学生物学科开展青年教师优质课评选活动的通知》中，提出的优质课评价标准如下（见表 2-2）。

**表 2-2　武昌区中学生物学科青年教师优质课评价标准**

| 姓名 | | 参评单位 | | 授课班级 | |
|---|---|---|---|---|---|
| 课题 | | | | | |
| 评价项目 | 分值 | 评价标准 | 得分 | 评价等级 | 备注 |
| 教学目标 | 10 分 | 目标明确：符合新课程标准的要求，符合新教材的特点，符合学生实际 | | | |
| | | 体现人文性与工具性的统一 | | | |
| 教学内容与教材处理 | 25 分 | 教学内容正确，无科学性错误 | | | |
| | | 教学重点突出，难点处理得当 | | | |
| | | 能正确处理知识与能力、过程与方法的关系，注意情感态度价值观的培养 | | | |
| | | 教学容量适当，注意合理有效地利用相关教学资源 | | | |
| | | 教材处理符合生物学科特点和学生认知水平 | | | |
| 教学安排 | 25 分 | 教学方法的选用符合教学内容的需要，符合学生的认知规律 | | | |
| | | 教学程序设计合理、层次清楚，教学环节紧凑、转换自然 | | | |
| | | 注意创设教学情境和运用自主、合作、探究的学习方式，发挥师生双方的主动性和创造性 | | | |
| | | 面向全体学生，因材施教，注意学习方法的指导和良好学习习惯的培养 | | | |
| | | 体现生物学科学习的综合性和实践性，突出生物学科的能力培养 | | | |
| | | 恰当使用实验教学和多媒体辅助教学 | | | |

续表

| 评价项目 | 分值 | 评价标准 | 得分 | 评价等级 | 备注 |
| --- | --- | --- | --- | --- | --- |
| 教学素养 | 20分 | 关注学生，教学民主 | | | |
| | | 教态自然大方，使用普通话 | | | |
| | | 教学语言规范，教学内容表述正确、生动，有感染力 | | | |
| | | 板书合理、工整、美观 | | | |
| | | 教学组织及应变能力强 | | | |
| 教学效果 | 20分 | 课堂气氛和谐，学生思维活跃、参与意识强、注意力集中 | | | |
| | | 教学成效显著，目标达成度高，不同层次的学生都能有所收益 | | | |
| 合计 | 100分 | | | | |
| 简要评语 | | | | | |

有些研究论文也探讨了一堂好的生物课的评价标准。例如，东北师范大学马连波在硕士学位论文《高中生物课堂教学评价标准的探究——从教师和学生的视角》中，提出好的生物课堂教学评价标准如下[1]。

课堂气氛良好，学习环境和谐；教学目标明确，学习内容合理；注重学习过程，倡导合作交流；面向全体学生，不忘因材施教；思考空间充足，学生主动积极；保护学生自尊，增强学生自信。

归结起来，理想的课堂教学评价标准是：在愉悦轻松的课堂气氛中，通过教师的引导和学生的主动参与，师生有效互动，共同激发学习兴趣，学生在掌握知识并提高能力的同时情感得到了升华。

他还提出教育部门制定课堂教学评价标准时要充分关注一线教师和学生的想法，在教学目标上体现明确性和学生的实际需求；在教学内容上除

[1] 马连波 . 高中生物课堂教学评价标准的探究：从教师和学生的视角 [D]. 长春：东北师范大学，2012.

了突出重难点外还要进行适当拓展；在教学程序上应强调师生互动和学生学习的自主性；在课堂气氛上突出轻松、愉快的生活化教学；在教学效果上体现出学生对知识的掌握、能力的提高和情感态度价值观的升华。

总体来看，这些研究论文或者评价标准，一般都会涉及教师的行为，但又不会将教师的行为放在基础、中心的位置，一般都是考虑全面，从教学目标、教学过程、教学内容、教学特点、教学效果等角度去展开。虽然如此，它们对于我们探讨好的生物课的教学行为标准还是很有意义的。其启示在于：一堂好的生物课的判断标准，应该从目标、内容、过程、结果等方面去考虑；一堂好的生物课的判断标准，要考虑生物学课程的育人价值。从以上关于好的生物课的判断标准，可以演绎推理教师的哪些教学行为是好的，也可以帮助我们明确在全面设定教师好的教学行为时应该考虑的方面。

### （二）特级（或正高级）教师访谈的视角

2020 年，笔者访谈了 10 位全国知名的生物特级（或正高级）教师，在未给任何提示的情况下，请他们结合个人的教学经验，完全独立地提出关于一节好的生物课的教师行为标准（或特点）。

这 10 位特级（或正高级）教师是：林祖荣（北京师范大学附属实验中学）、张敏（北京市十一学校）、夏献平（深圳市育才中学）、刘艳红（广州市黄埔区教育局教研室）、刘满希（扬州市教育局教研室）、窦继红（兰州市第二中学）、张洪军（青岛市教育局教研室）、王荐（无锡市第一女子中学）、李明霞（吉林大学附属中学）、于璇（北京大学附属中学）。他们基本上都是长期在课堂执教，已经成为知名教学专家的特级或正高级教师，其中几位教研员也是长期在一线执教之后才走上教研员岗位的。他们所在的城市遍布东西南北中，年龄介于 40 ～ 65 岁，男（6 位）女（4 位）教师都有。应该说，这 10 位特级教师能较好地代表高水平生物教师群体。

他们提供的生物好课特点或特色如下。

**师一**

1. 对教材内容的处理，不只是讲清“其然”，更能分析清楚“其所以然”以及研究方法。（内容处理）

2. 语言表达深入浅出，逻辑清晰、富有启发性，且不乏幽默风趣。（语言表达）

3. 将课堂教学内容转化为具有逻辑关系并启发学生思维的问题串，能根据学生的情况随机做出调整。（启发思维）

4. 有效地组织学生的学习活动，包括小组讨论、交流等，使学生的学习活动不流于形式，而是达到深度学习的要求。（活动组织）

5. 板书设计体现知识的结构，揭示出内在逻辑关系。（板书设计）

6. 合理使用多媒体手段，多媒体与板书间的关系处理合理。（媒体使用）

7. 课的导入能激发学生对学习的期待，课的结尾能起点睛之效。（导入与结尾）

8. 师生关系平等，教师能尊重学生的主体地位，有足够的耐心倾听学生的表达。（师生关系）

9. 对学生的学习能做恰当的评价，鼓励学生努力学习，肯定学生的学习收获。（教学评价）

10. 教师行为举止体现为人师表要求，课前提前到课堂，下课不拖堂。（基本规范）

**师二**

一堂好的生物课，教师的教学行为有 2 个隐性特征和 8 个显性特征。

隐性特征 1：教师的教育情怀，即教师对教学的深爱、对学生的爱与尊重。外在表现：态度和蔼可亲，仪态端庄正气，眼神亲切柔和，声音抑扬顿挫，字迹漂亮整齐，逻辑清晰明了，等等。

隐性特征 2：教师的教学理念与信息素养，即教师对教师的教与学生的学的认识，对深度学习的理解，以及教师对信息技术与学科教学深度融合的理解，对信息技术与学科教学融合创新的尝试与实践。外在表现：教师对教学内容的二次处理以及信息技术手段的使用。

显性特征，就是教师基于对本堂课教学内容的理解而表现出来的可观察的行为特征，涉及课堂的引入、板书、讲授、演示、活动（实验）、提问、讨论（资料分析）、评价（练习、反馈）8 个方面。具体如下。

1. 引入直接，激发学生兴趣。

2. 板书清晰、有条理，逻辑线索分明。

3. 讲授通俗易懂、化繁为简、化难为易。

4. 演示与教学目标联系紧密，正确、直观。

5. 活动（实验）围绕教学目标与学生实际设计，以学生为主体，注重体验或探究。

6. 提问简洁、点题、有效。

7. 讨论（资料分析）切入点符合教学目标与学生实际，有益于培养学生的科学思维。

8. 评价（练习、反馈）围绕教学目标与学生实际设计，以生物学概念或理念形成为目标，注重检测或迁移。

**师三**

1. 语言准确、生动、幽默，善于启发学生思考。

2. 课堂提问简明扼要，激发学生思维。

3. 时刻关注全体学生，能够从不同角度观察、评价学生。

4. 敢于直面学生提问，针对学生的疑惑，给出科学、合理的解释。

5. 善于创设情境，课堂引入、过渡、总结等环节精妙，激发学生深入探讨。

6. 巧妙设置探究性问题，激发学生自主思维。

7. 及时洞察学生思维障碍，提升学生生物学科核心素养。

8. 实验操作熟练精准，充分展示生物学科魅力。

9. 板书整洁，重要概念结构清晰。

10. 熟练运用现代教育技术，让学生体验生物学之美。

**师四**

1. 摸清学生基础，尊重主体差异。

2. 注重学生情感，融合心理技术。

3. 谙熟课标教材，培养社会责任。

4. 引导科学思维，顺应课堂生成。

5. 分步问题引导，板块任务驱动。

6. 设置情景贯穿，巧妙激疑生惑。

7. 植入现代手段，落实目标分层。

8. 巧借八方力量（广泛利用各种教学资源、前沿科学、科技进展），捕捉教育契机，增强学生体验（动手实践）。

9. 激活学习方式（注重科学探究、信息化学习方式），发展关键能力，及时总结点评（激励赞美）。

10. 渗透核心价值，体现学科本质，驾驭生命课堂，培养生命观念，促进全面发展。

**师五**

1. 设置引人入胜的教学情境，使学生产生浓厚的学习兴趣。

2. 能重整课本教学内容，及时引用新颖的、精彩的教学内容，具有原创性，具有自己的风格。

3. 教学环节清楚明晰、过渡自然、条理清楚、讲解清晰、通俗易懂，能让学生对知识留下清晰、深刻、完整的印象。

4. 能选择适合学生及教学内容的教学方法组织教学，如科学探究、讲授、讨论、实验等，学生学习参与度高，思维活跃。

5. 问题设问富有启发性，有一定深度、有设计，大小问题的设计要有结构上的关联性。

6. 语言科学、简洁、优美，给人以艺术享受，能凸显教师个人风格，或优雅，或幽默，或干练。

7. 关注到全体学生，关爱每一个学生，尊重每一个学生，理解学生心理，给学生以鼓励。

8. 教学目标的预设，既指向学生核心素养的养成，又从学生实际出发，整堂课指向性强。

9. 教学评价公正客观、恰当及时，对学生有指导意义，师生互动多、互动层次深。

10. 能恰当运用新的教育信息技术进行有效教学，实验演示清晰，效果好。

**师六**

**教学设计**

1. 单元设计：能够站在知识系统性的高度，以单元话题为基础，将本单元出现的重要知识结构重新进行整体的编排，组成一个知识整体或意义整体。以大概念为依据，实施整体单元教学设计。

2. 板书设计：以思维导图的方式，根据学生已有水平和课堂生成，体现板书、板画的示范作用。

**教学内容**

1. 情景创设：借助现代化教学手段展示社会热点、科学史、生活实际等真实情景；利用课外实践、模型制作、演示实验创设生物学教学情景，引导学生在体验中通过发现问题学习新知。

2. 内容讲述：生动形象的语言表达、富有感染力的非语言表达以及饱满的情感能把复杂的教材变简单了，能把难学的知识变容易了，能把生物课变“活”了。

**教学活动**

1. 师生对话：尊重并珍惜学生已有的知识水平；敢于让学生质疑问难；能倾听到学生的独立见解；能把本是科学课的生物课上对了。

2. 任务驱动：根据生活情境、生产情境、实践情境、实验情境、活动情境、工程情境等提出具有挑战性的任务。

**教学方式**

1. 科学探究：追求以问题或任务驱动的探究学习过程，通过全身心的投入，确保思维的升阶、合作式探究的质量。

2. 深度学习：以“情境—问题—活动”为主线来开展深度学习活动，发展学科核心素养。

**教学评价**

1.及时评价：善于倾听学生发言，及时反馈评价，从中寻找教学的良机。

2. 分层作业：根据学生的学习水平分类布置作业，让每个学生都能轻松完成作业。

**师七**

教学目标方面：教学目标的导向作用得到充分发挥。

1. 课时教学目标明确、具体、可操作，表达符合课标与学生实际，体现导学、导教、导测功能，而不是简单地把课程目标、单元目标当成课时目标。

2. 学生明确学习目标（清楚地知道通过本课的学习应该学会什么），并能对教学目标达成自我判断（引导学生自己对学习过程进行监控、反思与调节）。

教学方式方面：教学方式服从教学内容，注重教学效果。

1. 学生能通过多种渠道（教材、专家、同伴、网络、电子设备等）获取基础知识。

2. 学生能通过不同的学习方式（自主学习、合作学习、探究学习等）进行学习。

3. 利用信息技术给学生准备丰富的学习资源，以满足不同学生的学习需求。

教学评价方面：教学评价能有效促进学生发展。

1. 评价紧扣课时教学目标，聚焦学科核心素养。

2. 依据评价内容，采用合适的评价方式。

3. 关注信息技术在教学评价中的运用（软件评价、机器评价）。

教学策略方面：教学策略的运用能有效促进学生的学习。

1. 注意激发与维持学生的学习动机。

2. 妥善处理预设与生成的关系。

**师八**

1. 制定合理的、学生能看懂的学习目标，学生能依据此目标进行自主学习。

2. 能非常清晰地界定出一节课中哪些知识和原理是需要教（讲）的。

3. 教学过程主线逻辑要清晰、通顺，整体或局部要能环环相扣。

4. 课堂引入恰当，并能引人入胜，激发学生的求知欲。

5. 针对难理解的原理找到合适的办法，能用浅显易懂的语言和实例帮助学生理解。

6. 能设置或运用连续不断地引起学生兴趣的问题或方法，有利于学生的学习和思考。

7. 能设计和组织系列探究活动，帮助学生建构概念。

8. 设计的（表现性）学习任务能持续引领学生的学习一段时间。

9. 制定合理的评价量规，开发评价资源，及时、有针对性地对学生的学习进行有效的诊断。

10. 教师的语言表达清晰、简洁、幽默。

**师九**

1. 眼中有学生。所有的设计都是围绕学生进行的，所提出的问题符合学生的学习实际。

2.心中有目标。教学过程直指核心素养，潜移默化地发挥其育人价值。

3. 教学有情境。所有的问题都围绕具体情境展开，学生是在具体情境中生成问题的。

4. 引导有活动。所有教学重点和难点的突破，都是通过活动完成的。

5. 问题有挑战。课堂的提问少而精。问题有开放性、挑战性，有思维含量。

6. 讲解有趣味。教师的讲解，都是围绕问题展开，不作平铺直叙，而是注意趣味性。

7. 提问有反馈。对学生的提问，要认真对待，每一问题都要有明确回复。

8. 评价有时效。对学生课堂的表现要及时进行评价，评价中要有思维引导。

9. 课后有小结。每节课尽量有小结，对重点进行提示，对课后进一步学习提出指引。

10. 作业有新意。给学生布置的练习，不是简单的死记硬背，而是有思考性、有新意。

**师十**

**课程设计师**

1. 建设国家课程。认真研读课标，梳理出本模块的育人价值，将模块学习内容解构为 4 ～ 7 个大的学习单元，备课从大单元入手（一般 2 周左右），进行整体备课，确定本单元的学习目标，指向生物学科核心素养发展的四个方面，再将单元内容分解为每节课的学习内容，每节课学习的目标突出、纯粹，指向核心素养发展的某一方面。能够从教材、学生生活或实验探究中选择富有吸引力的真实问题情境，组织学生开展探究等学习活动，帮助学生达成学习目标，特别是实验探究和社会责任的素养发展目标。

2. 建设线上课程。教师充分认识到互联网是当今教育不可避免的教学形式，解构课程，建设线上课程，丰富课程学习资源，教师通过在线辅导、测试，对学生进行差异化教学。

3. 设计自主学习。教师能够建设线下学习课程，学生主要的学习形式是小组讨论、项目制学习等。在课程中，学生实现深入学习，达成生物学科核心素养的全面发展。

4. 设计高阶课程。能够认识到社会是学习的资源，设计在社会中学习的课程，让学生在真实问题中产生解决问题的驱动力，通过解决问题，产生对社会持久性的影响，学生建立元认知、自我认知，得到自我成长。

**学习引导者**

1. 目中有人。教师目中有人（学生），时刻关注学生的“学”，运用心理学和学习理论，尊重学生的诉求，明白学生的“结点”，充分利用评价数据，根据学生的差异，设计不同的学习任务，运用学习技术，激发每个学生的学习热情，“点亮”学生。无论是单元学习还是每节课的学习，每个学生都有多个学习结果表明学习目标的达成度。

2. 学习环境。营造促进学生学习的环境，包括布置专业教室的学习氛围、利用各种教学工具、熟练使用多媒体等，促进每个学生的学习。

3. 培养独立思考。激发学生思考，鼓励学生提出自己的观点，成长为独立思考者。

**评价“专家”：命题、量表、数据方面的专家**

1. 素养评价“专家”。找寻或编制有效的量表对学生进行表现性评价、总结性评价等，形成大量数据，记录学生素养发展，调整学习进程。

2. 命题的“专家”。能够跟踪考试评价的最新理论，熟练命制试题，测评学生的素养。

**终身学习者**

不断自我反思，对自己的成果进行批判性总结。每年都有清晰的学习计划和目标，关注本学科领域发展，保持阅读相关公众号、杂志、书籍的习惯。越来越热衷于研究学习理论、心理学理论，阅读这些领域的最新书籍和文献，参与新学习理论的培训，并在教学中尝试使用。有广泛的爱好，除生物教学，在其他领域有专长。谦虚、勤奋、好学，有广泛的朋友，与同行交流。

上述十位教师根据自己对生物学课堂教学的认识，分别提出了一堂好的生物课的教师的行为标准。他们的视野和观点不完全重合，也不是其中提到的所有的“行为”都可以被观察到。但是，分析可知，他们在关于一堂好的生物学课的问题上，在以下方面高度一致。

他们都高度重视课堂提问、学习评价、学生活动或驱动任务设计、教学语言、信息技术应用等方面，多位教师提及教学情境创设、教材内容整合、良好的教学引入和结尾、板书设计，以及目标呈现等。

将以上十位教师关于一堂好的生物课教师的行为标准做归纳，一堂好的生物课上教师应具有以下行为：

用学生能理解的语言，呈现本节课的学习目标。

用好教材内容，同时也整合多种资源。

导入能激发学生的学习兴趣，结尾能画龙点睛。

合理安排学生活动，学生活动能促进深度学习。

讲解语言清晰、逻辑清楚、通俗易懂。

课堂提问有启发，不同层次的问题构成有内在联系。

尊重学生的发言，对学生的回答及时反馈。

合理使用信息技术手段促进教学。

能创设良好的学习情境。

及时评价，评价多角度、合目标、有诊断作用和引导作用。

有必要的板书。

上述汇总的十位教师的观点，对于我们理解优质生物课堂里教师的行为特点很有启发。不过，这些行为特点，仍然是较宏观的、原则性的。如果要将这些行为转化为课堂里可分析的工具，就如同前文所说的可以用于课堂分析的研究记录工具，有的项目还需要进一步细化。本书不打算就进一步细化展开，留待读者自己拓展。

## 三、从系统的视角看“教”

关于好课，前面我们已经探讨过，但只有思辨是不够的，需要结合实证。然而，目前的实证分析还无法把行为、行为承载的内涵、行为实现的教育意义等全部数据化并放在因果关系上去考察。因此，在目前看来，仅仅对教学行为本身进行分析是不够的，还需要将行为之间的关系综合、整体地看。在探讨教学行为的时候，只看到行为的“动作”部分也是不够的，还需要将动作与动作承载的内容结合起来分析。

### （一）需要把教的行为放到系统里去审视

课堂里，教师和学生、学生和学生并不是无关系的，而是彼此影响的主体。某种程度上，教室是教师与学生的行为共同构成的行为场。特别是教师的教，是这个行为场里面的主要影响因素，教师的教的行为也不是孤立的，而是相互之间有密切联系的。有关这方面的内容，我们后文还要再展开详细的讨论。

### （二）需要关注行为动作所承载的内容和意义

教师在课堂里的教学是通过行为来进行的，显然，行为是教学目标实现的载体，是教学内容展开的载体。因此，分析教学行为，不能单单看“动作”，还必须看“动作”表达的意义。例如，在教学节肢动物、氨基酸的结构时，如果是先有大量的事实陈述类行为，之后再出现概念讲解，那么其教学行为就是先提供事实再归纳形成概念。对应的教学内容可能是先介绍代表动物的特征，再介绍其他动物的特征，最后总结归纳该动物类群的主要特征；可能是先介绍几种氨基酸的结构式，再归纳出氨基酸的结构通式。如果是先出现概念讲解，再出现单个事实陈述，那可能对应的是用概念直接呈现定义，再提供一个例子说明的教学方式。

我们应该认识到，一种教学行为，在这个课堂出现可能是合适的，但是换一个课堂却可能是灾难性的；在这个教学场景出现是恰当的，换一个场景却可能是不合适的。因此，对教学行为的分析，必须要有复杂系统的视角，需要将行为结合课堂进展，结合教师、学生的关系，结合课程内容，结合教学环境，来综合、整体地把握。

## 第三节　良好的学习行为特征

同一个班级里，同样的老师，学习同样的课程，但是，学生的成绩和表现却并不完全一样。可见，如何“学”，对于学习结果的影响更为关键。老师们经常会问：我的学生在学习吗？怎样才能判断学生是否在学习？有的学生学习为什么会那么高效？当然，有的时候我们也会疑惑，为什么那些积极参与课堂发言的学生，学习成绩却未必好？那些学习行为表现不太好的学生，可以通过哪些途径来改进？

### 一、学习的定义

什么是学习？目前没有统一的定义。关于学习，有以下几个定义[1-2]。

定义 1：学习是学习者学到了什么，或者是发生了什么样的变化。

定义 2：学习是指发生在个体身上的心智过程，这种过程可以导向定义 1 所指的变化或结果。

定义 3：学习是指个体与学习材料以及社会环境之间所有的互动过程，这些过程直接或间接地成为定义 2 所指的内在学习过程。

显然，学习是一个与学习材料和环境互动的过程，涉及心智的参与和变化。学者将学习定义为：学习是发生于生命有机体中的任何导向持续性能力改变的过程，而且这些过程的发生并不是单纯由于生理成熟或衰老机

---

[1] 黄显华，霍秉坤，徐慧璇 . 现代学习与教学论：性质、关系和研究：第 3 卷 [M]. 北京：人民教育出版社，2014：899.

[2] 伊列雷斯 . 我们如何学习：全视角学习理论 [M]. 孙玫璐，译 .2 版 . 北京：教育科学出版社，2014：3.

制。其含义表明，学习的关键在于改变，且在某种程度上是持久性的改变；这种改变不是生命有机体中已有潜能的自然成熟；有机体为主体，表明学习不仅仅是人类才有的。[1] 当然，如果我们聚焦于课堂学习，我们所指的学习主体，是人，是学生。

进一步展示目前关于学习的定义，或者词典的解释，结果表明我们实际上对学习知之甚少。有学者说，这些关于学习的定义，就像经过伪装的逻辑陷阱，这些讨论始终在外围打转。从生物学的角度看，学习问题的核心是，学习过程中我们的身体（特别是大脑）到底发生了什么。20世纪70—80年代，科学家已经发现学习与记忆依赖特定的突触。不久后，科学家发现“长时程增强作用（LTP）”与学习、记忆有关。我们现在已经知道，学习意味着神经突触的生长和消失，意味着在突触之间20纳米的间隙，信号的增强或减弱；生物学已经解释，学习和环腺苷酸、N-甲基-D-天冬氨酸受体有密切关系。[2]近年来，科学家还发现会影响学习记忆的基因[3]。

当然，我们现在关于学习的讨论，关于学习行为的探索，还难以将具体的学习和大脑里的这些分子机制建立明确的联系。目前关于学习行为的讨论，仍然将大脑在学习过程中的变化作为黑箱来看待。因此，我们只能是通过外在的学习行为和学业表现等，来判断学习的情况。

## 二、关于有效的学习

关于学习的认知研究有十项基本的共识：学习只能是学习者自己来完成的一项活动，别人无法代替；理想的学习带着先前的知识进入；学习需要知识结构的整合；理想的学习需要平衡概念、技能和元认知能力；理想的学习通过多层次组织碎片化知识为复杂的结构；理想的学习能利用外部现实世界的结构来组织头脑中的知识结构；学习受人们信息处理容量限制

[1] 伊列雷斯．我们如何学习：全视角学习理论 [M]. 孙玫璐，译 .2 版．北京：教育科学出版社，2014：3-4.

[2] 王立铭．生命是什么 [M]. 北京：人民邮电出版社，2018：150-167.

[3] 饶毅．饶有趣味的大脑 [M]. 北京：人民教育出版社，2016：76-77.

的约束；学习结果是情绪、动机和认知的动态相互作用；理想的学习构建可转换的知识结构；学习需要时间和努力。[1]

《可见的学习：对 800 多项关于学业成就的元分析的综合报告》是基于众多实证研究而汇集成的关于学习的著作，影响很大。这本书提出，对学生的学习会产生影响的自身的因素有以下几个方面：先前习得的知识；期望；对经验的开放程度；逐渐形成的对有关学习投入的价值的信念；参与；通过参与学习建立自我意识的能力，以及作为一个学习者的荣誉感。影响学生学业成就最大的因素之一是学生的自评成绩，即学生对学业成就的自我评估。[2]

这些发现里，有一些已经是教育界的共识了。例如，期望会对学习结果产生重要影响，学生是基于已有知识和经验开始学习的，学习需要将知识进行精心的结构整合，等等。

具体到课堂里学生的学习表现——哪些是好的、有效的，也有一些研究正在揭示。某研究发现，优等生在化学课堂中整体表现出的学习的投入程度、专注度都比中等生要高，他们在课堂的不同环节专注度不同，主要表现在以下几点。（1）0～4分钟。中等生在课堂最初几分钟内注意力很不稳定，而优等生在课堂的前5分钟能更快地进入课堂学习状态，这说明优等生初步具有元认知策略，可以计划、调节、监控自己的学习。课堂里前5分钟是很关键的时间，教师可通过创设情境等手段来激发学生的学习兴趣，在尽可能短的时间内使学生的注意力高度集中于课堂。（2）4～7分钟。这是本节课唯一一个中等生的专注度比优等生要高的时间段，此时的教学活动是复习回顾旧知识，中等生或因为遗忘，或因为之前掌握得不牢而比优等生更为专注。（3）7～10分钟。设计实验阶段，需要学生运用创造性思维。中等生的积极性马上急剧下降，优等生也下降了不少。由此可知，要增强学生的创造性思维并不简单。（4）22～25分钟、31～34分

[1] DUMONT H, ISTANCE D, BENAVIDES F. The nature of learning：using research to inspire practice[M]. [S.l.]: OECD Publishing, 2010: 72-85.

[2] 哈蒂 . 可见的学习：对 800 多项关于学业成就的元分析的综合报告 [M]. 彭正梅，邓莉，高原，等译 . 北京：教育科学出版社，2015：38-39.

钟两个时间段，优等生和中等生之间的差距最小，这两个时间段学生的主要学习行为是小组讨论。小组合作学习能使优等生和中等生互帮互助，极大地提高学习积极性。（5）25～28分钟。这是优等生与中等生的专注度差距最大的阶段，中等生的积极性跌入低谷。这个时间段内，教师在引领学生突破本节课的难点知识。研究者判断，中等生已有的知识基础和学习水平大大地影响了他们在课堂上积极主动学习的信心和能力，特别是遇到知识难点时，中等生的畏难情绪尤为突出，加上害怕出错、担心受批评的心理，使他们课堂积极性更低。小组合作学习能大大提高中等生课堂参与的积极性。[1]

这样的个案研究值得进一步做下去，我们也期待有更多的研究成果可以借鉴。

在已有的关于有效的学习的学习心理学研究中，已经有一些成果可以借鉴。

OECD（经济合作与发展组织）认为，有效的学习是建构的、自我调控的、情境的和合作的。今天的教育心理学家或多或少地认同建构主义学习观，认为学习是学生在与环境的互动中，利用智力和通过努力，自主参与获取知识和技能。学习是自我调控的，研究人员在不同学科都发现，自我调节与学业成绩有很强的关联。那么，具有自我调节能力的学习者的主要特点是什么？他们能很好地管理学习时间，设置较高的、接近的学习目标，并且比其他人更频繁、准确地监控；他们设置较高的标准，更有自我效能并坚持排除障碍。[2]

当然，关于学习行为与有效学习的关系，人们未必能真的抓住其中的规律。正如本杰明·富兰克林所说，人们总是在寻找虚假的原因，而不是那个真正的原因。[3]

---

[1] 谢姮娜，董素静，许敏，等.通过课堂观察法比较中等生和优等生的化学课堂学习行为：以“弱电解质的电离”为例 [J]. 化学教育，2011（5）：26-29.

[2] DUMONT H, ISTANCE D, BENAVIDES F. The nature of learning：using research to inspire practice[M]. [S.l.]: OECD Publishing, 2010: 48-53.

[3] VARGAS J S. Behavior analysis for effective teaching[M]. New York: Routledge, 2009: 19.

## 三、良好的学习行为

以上所说的有效学习，无论是建构的还是自我调节的，或者是学生的先前经验，多是在学生头脑里的，我们很难看到。

那么，什么是学习行为？有研究人员认为，学习行为是学习活动的同义词，是学习者在主客观因素的影响下，在学习过程中表现出来的运动、动作和反应的总和，是学习者的思绪、情感、情绪、态度、动机、能力等内在心理素质的外在表现。学习行为具有以下三个特点：一是有明显的动作表现；二是外显的动作并不是孤立存在的，而是由学习者内部生理、心理活动予以支撑；三是外显动作是考察学习者学习生活状态和生存状态的重要指标。[1]

怎么通过学生的外在行为表现来判断他们是不是在学习呢？他们的学习投入程度如何呢？很多有经验的教师用眼睛扫过全班，就可以比较准确地发现班级里哪些学生明显在开小差，也可以大致判断哪些学生虽然没有任何小动作，却没有专心听讲。比如，那些目光迷茫的学生，眼睛看着天花板或者窗外的学生，很可能已经神游物外了。然而，在很多时候，有些行为表现并不能用于判断学生是否在认真学习。比如，学生眼睛一直注视着黑板，也在观察老师的动作，却有可能一个字也没有听进去。而那些眼睛看着书本，手里在写些什么的学生，却可能是在深度思考。因此，要拿出一个判断的标准是很难的。

以下我们尝试结合教育心理学关于有效学习、高效学习的已有认识，来探讨哪些行为是与之相符合的。

第一，教育心理学认为，学生如果有学习的动机，那么他就有更大的动力去进行高效学习。

研究表明，学习动机对稳定的自主学习行为有促进作用，它对于自主学习行为的直接促进和间接促进作用几乎相当。学习能力提升是学习动机促成自主学习行为的关键中介变量。在自主学习行为过程中，学习能力不

---

[1] 向葵花 . 审思与重建：中小学学生学习行为研究 [M]. 北京：中国社会科学出版社，2017：36-37.

可或缺，它直接影响学习者对学习效能的感知，甚至可强化学习动机，从而对自我管理的自主学习行为起到自我强化的作用。[1]

对于课堂教学来说，教师应该激发学生的学习动机，关注学生的学习动机状态。此处，我们聚焦怎么通过行为表现去判断学生是否有学习的动机。

思迪帕克（Stipek）认为，通过观察以下行为，可推测学生有学习动机：能够将注意力集中到教师身上；能够迅速开始学习活动；遵循任务的指令；能集中注意力直到完成任务；按时上交作业；坚持完成看上去较难的任务，而不是放弃；能独立自主地学习；课堂上主动回答问题；测验成绩能够反映平时作业所体现的技能水平；需要别人帮助时会主动求助；遇到错误或困难时不灰心；喜欢挑战性的工作；全身心地投入学习活动；喜欢提问以扩展课外的知识；能主动从事课内并不要求的学习活动；当全神贯注于所完成的任务时，不愿意停下来；作业完成后仍然从事学习活动；学习时显得快乐、自豪、热情、投入；即使成绩已经超过班里的同学，仍能努力提高自己的技能；主动从事挑战性的学习活动；对于没有评价的任务，仍能努力去做。[2]

第二，外化和表达可以更好地促进学习。

从阅读行为来看，在进行积极的阅读时，人们会集中精力于文本上，可能会问自己一些问题，可能会暂停一下去查阅重要却不熟悉的词，可能会停下来重读具有挑战性的段落；在进行积极的阅读时，学生并不是安静地坐着，眼睛看着书本，而往往是边读边画线，做标记，画方框、大括号和箭头，写评论等。[3]

学习科学研究发现，当学习者外化并表达自己正在形成的知识时，

---

[1] 龙成志，刘志梅.学习动机对自主学习行为的影响：以学习能力为中介[J].应用心理学，2016，22（3）：203-210.

[2] 赵丽琴.怎样让学生爱学习：激发学习动机的7种策略[M].上海：华东师范大学出版社，2010：5-6.

[3] DISPEZIO M A. Module K, introduction to science and technology (teacher edition)[M]. Orlando: Houghto Mifflin Harcourt, 2012: PD8.

学习效果会更好。更具体地说，是学习者在知识尚未形成时，就开始尝试进行表达，并一直贯穿于整个学习过程，这样，学习与表达得以在反馈中相互加强、齐头并进。许多情形下，当学习者开始清晰表达某个知识时，他们才真正学会；也就是说，学习者出声思考比安静学习学得更快、更深刻。[1]

第三，自觉、约束的行为与成绩密切相关。

一项基于实验班（重点班）和普通班的研究表明，在课堂准备方面，各班学生差异不算大。在融入课堂速度与把握课堂教学目标方面、理解问题和课堂笔记完成方面、倾听老师讲解以及参与同学讨论方面、堂上堂后反思和作业落实运用方面，重点班的优良率高过普通班至少20%。在主动回答问题方面和对课堂内容提出质疑方面，普通班和重点班的优良率差别并不明显。在积极参与课堂写作活动方面，重点班的优良率高过普通班约15%，女生的优良率高过男生约15%，普通班男生在积极参与课堂写作方面优良率较低。可见，重点班学生由于从小就养成了良好的学习习惯，他们的课堂学习行为更加规范，不仅相信自己的智力，而且重视学习行为的细节。因而重点班学生课堂学习的效率更高，相应地，学业成绩也就越来越好。而普通班学生在规范课堂学习行为方面往往还处于自发性、随意性的阶段，他们多数更加相信自己的智力和运气，对自己的课堂行为细节的认识水平可能并不高，掌控能力也不够强，因而成绩往往起伏不定。比较两个普通班之间的调查结果，课堂学习行为更加主动、积极的班级总体上比课堂学习行为相对被动、消极的班级的课堂秩序要稳定。[2]

促进学生对科学概念的理解是学习的核心之一。国际教育科学院在 *Teaching Science* 中提出，通过教学促进深刻的科学理解，才能反映科学探究、科学的价值和科学知识主体的本质与特点。[3] 那么，什么样的表现是理解了概念呢？ Konicek-Moran 和 Keeley 提出，当学生理解一个概念

---

[1] 索耶 . 剑桥学习科学手册 [M]. 徐晓东，等译 . 北京：教育科学出版社，2010：13.

[2] 梁亚平，王汉文.从学习行为的差异性看高中生课堂表现的考评[J].课程教学研究，2014（10）：83-86.

[3] STAVER J R . Teaching science[M]. Belley: Imprimerie Nouvelle Gonnet, 2007: 11.

时，他们可以用这个概念来思考，在学习概念以外的领域使用这个概念，用他们自己的语言陈述这个概念，能用比喻或类比方法来解释这个概念，可以建立概念的思想模型或物理模型。换句话说，学生已经建立了自己的概念。[1]

可以认为，创造性是最有价值的学习行为。有学者指出，学生在思考或者行为方面有创造性的表现有以下这些：提出问题和质疑；建立联系、寻找关系；想象可能的情形；探索观念，保持观点开放；批判地反思观念、行动和结果。[2]

生物学课堂既与其他各学科一样，是学习课堂，有共同的基本学习行为内在规律，但也有自己的特色。

作为科学领域课程，生物学课堂有以下的学习行为：听讲、回答问题、提出问题、操作实践、完成实验报告、完成练习检测。听讲的专注度、回答问题的准确性、所提问题的深刻性和科学性、操作实践的规范性、实验报告的完整性和逻辑性、检测回答的准确性都直接影响生物学课堂。

生物学课堂应关注以下问题：是仅仅关注细节事实的记忆还是指向大概念？概念运用是否准确？概念是否能迁移连接其他概念？是否包含生物学思想观念？概念图是否有思想观念支撑？结果和结论是否符合逻辑？

综合上述考虑，我们可以进行以下归纳。从课堂行为表现来说，生物学课堂里有效的学习行为有：

听讲认真专注，目光跟随教师的动作，教师讲解要点时及时记录；

与教师互动积极，经常表达自己的想法；

被点名回答问题时，回答直指问题关键，所用生物学名词术语规范；

讨论时与同学交流积极，愿意表达自己的想法，且表达清楚；

提出的问题有意义，有一定的深刻性，问题的表达清晰、准确；

提出的解决问题的思路可行、方法科学，甚至有一定的创新性；

---

[1] CONTANT T L, BASS J L, TWEED A A, et al. Teaching science through inquiry-based instruction[M]. New York: Pearson, 2018: 69.

[2] DAVIES D, MCGREGOR D. Teaching science creatively[M]. 2th ed. New York: Routledge, 2016: 30.

能够在新的问题情境中运用生物学概念阐述现象，解释现象背后的原理；

实验操作时表现出耐心，动作规范；

做练习检测时正确率高，表达清晰、准确。

当然，在探讨学生在课堂上什么样的学习行为是有效、高效的时候，我们务必知道：课堂是复杂的！很多我们所认为的有效教学行为，实证研究表明并不那么有效。例如，学生在课堂上积极参与并不意味着学习效率的提高，也没有证据表明开放型课堂必然具有明显的优越性。又如，也没有证据表明引入数字化学习手段必然促进学习。《数字痴呆化》的引言中提到，PISA（国际学生评估项目）委派两位研究员研究了电脑的使用对学生成绩的影响，他们对25万名15岁学生进行的数据分析表明，在家使用电脑会导致学习成绩的下降，无论是算术还是阅读。在校每周多次使用电脑的学生比那些电脑使用频率低一些的学生，阅读与算术两门课的成绩明显差得多。对在学校里使用网络的分析也得出了同样的结论。研究表明，大多数有笔记本电脑的学生写作成绩明显差一些；家庭电脑的购置、网络的连接导致学习成绩下降；上网时间越长，成绩下降越多；电脑对男孩的影响比女孩更大；学校里笔记本电脑和电子白板会妨碍孩子学习并对孩子产生危害，办学质量较差的学校比办学质量较好的学校受到的负面影响更大；信息技术导致学生思维表面化，注意力分散，还会带来违背意愿的副作用；无论是对学习的影响还是对大脑的作用机制，都不支持在学校安装电脑和网络。

即便学生表现出“聚精会神”地学习和听讲，也未必真的在听讲和阅读、思考。因此，我们现在还很难建立一个生物课堂里学习行为与生物学学习效果之间因果关系的模型。

随着技术的进步，人们有更多的手段来揭示外在的行为与内在的学习之间的关系。有研究者已经在研究不同学习方式中脑电波的变化情况，以此作为判断学习有效性的依据。现在，有不少研究者正在试图揭示深度学习和学习行为之间的关系。随着技术的进步，未来某一天，也许我们可以“看到”学习者在学习时大脑里的神经细胞发生着怎样的变化。但这一天似乎还十分遥远。

## 第四节　生物学课堂教学行为的内在关系

本章前三节，我们分别尝试分析了教和学。然而，没有离开学的教，也没有通过单个孤立的学习行为完成的学。因此，讨论教，实际上也离不开探讨学。正如第一节我们所谈到的，教师的教，必须放到教学系统中去探讨；讨论学，则必须结合教学行为的整体。

### 一、教与学行为之间的关系

从教与学的关系看，所谓有效的课，一定是有助于学生学习的课。所有的教都通过促进学来起作用。凡是好课，一定促进学生的学。一般地说，评价教学效果有三个构成因素：知识、能力、素质。所以评价一堂课时，首先要看教师在教学目的和教学指导思想上有没有这样明确的自我要求和实施措施。这是实现一堂好课的前提。其次，要看在学生那里的体现，也就是落实的程度。这是实现一堂好课的落脚点，也是衡量教师教学水平的首要依据，表明了这个根本标准的客观性。[1] 以重视实证为特点的关于教学的著作《可见的学习：对 800 多项关于学业成就的元分析的综合报告》一书中写道：教师是学习最大的影响因素之一，正是教师让学生在课堂里所做的事情，而不是教师自己特意要做的事情，构成了高水平教师所有技能中作用最大的成分。[2] 该书的结语部分提出，学生在专家型教师的课里之所以能够进行深层次理解的学习，是因为专家型教师善于根据课堂情境的背景特征进行即兴发挥和改变原有的教学计划；能从更深层次去理解学生个体在任何规定的学习任务中成功或失败的原因；很了解学生，能设计

---

[1] 邵宗舆 . 关于评价一堂好课根本标准的初步认识 [J]. 石家庄师范专科学校学报，2000，2（1）：86-88.

[2] 哈蒂.可见的学习：对800多项关于学业成就的元分析的综合报告[M].彭正梅，邓莉，高原，等译.北京：教育科学出版社，2015：42-43.

出适合学生发展需要的学习任务，吸引、挑战或激发学生，学生不会觉得单调乏味或难以企及；能为那些在学习新概念时遇到困难的学生做出预测和规划；在教学进展不顺时，能够更容易地及时进行调整；能够对学生成功或失败的原因生成准确的假设；带着明确的激情投入教学工作。[1]

从教师的行为促进学来看，能唤醒学生学习兴趣的行为，都是良好的行为。如果教师的行为表现出投入、好意和关注，那么，学生将更有兴趣学习，因而能获得更好的学习结果。[2]

这些有关教与学关系的阐述，能给我们开展教学带来好的启示。不过，这些关于“教”如何影响“学”的论述，主要不是从外显的、可以观察到的“教”的行为如何影响学生“学”的角度去阐述的，因此，我们还要聚焦于课堂具体的教与学的行为之间的关系。

有研究者将行为之间的关系看作“行为场”来开展研究，这样的研究，着重揭示那些趋向于控制多种行为的多种条件，以及某一途径怎样有效地改变那些条件，以达到目标定位的行为转变（behavior-change-oriented），并聚焦于以下二者的结合：行为或事件在时间序列上可能存在的相互作用，以及更重要的问题——相互作用发生的情景和先后关系。[3]

“行为场”理论再次阐述了教与学的行为之间不是孤立的，而是需要整体、综合地考虑。因此，在研究教与学的行为时，我们不但应该关注行为的频次、时长，还应该关注行为的先后，最好还能分析行为的因果关系。

显然，将教与学的行为放到“行为场”里去分析，复杂性提高了，分析的难度提高了。那么，如何关注教与学的行为之间的关系呢？

例如，在生物学课堂里，我们期待观察到的教与学的行为链可能是（除“学生回答”外，均是教师行为）：

---

[1] 哈蒂．可见的学习：对 800 多项关于学业成就的元分析的综合报告 [M]. 彭正梅，邓莉，高原，等译．北京：教育科学出版社，2015：304.

[2] 何旭明．学习兴趣的唤起：教师的教育教学对学生学习兴趣的影响研究 [M]. 北京：教育科学出版社，2011：71-133.

[3] SHARPE T, KOPERWAS J. Software assist for education and social science settings: behavior evaluation strategies and taxonomies (BEST) and accompanying qualitative applications[M]. Thousand Oaks, CA: Sage Publications, 1999: 7-18.

陈述现象——提出事实性的问题——学生回答——简单反馈——提出理解性的问题——启发性反馈——陈述概念。

陈述概念——陈述现象——提出事实性的问题——学生回答——简单反馈——提出理解性的问题——学生回答——启发性反馈——陈述概念。

陈述教学目标——陈述现象——提出事实性的问题——学生回答——简单反馈——提出理解性的问题——学生回答——启发性反馈——陈述概念——练习。

上述教与学的行为链条，行为之间有先后关系，不是简单重复，而是有层次的，有较强的内在逻辑关联。

当然，当前许多的课堂里，实际的典型行为链却是这样的：

陈述概念——陈述现象——提出事实性的问题——简单反馈——陈述现象——提出事实性的问题——简单反馈——陈述现象。

显然，这样的行为链条，是同一水平的简单重复组合成的，从现象到现象，从事实到事实，甚少深入概念理解或规律探寻。

## 二、教与学的行为与学习心理

在课堂里发生的教学行为，应该放到学习心理学规律的视角下去分析。学习心理学的研究成果非常丰富，有关的著作、专业教材也很多，感兴趣的读者可以去阅读。本书不就学习心理学展开论述，而是就其中几个方面与教学的行为之间的关系略作讨论。

### （一）课堂学习时间上的高效期与低沉期

学习心理学关于课堂里学生学习的高效期、低沉期分布的研究，对于教学行为促进学习还是很有借鉴意义的。

学习心理学实证研究已经揭示，在 40 分钟的课堂里，学生学习的高效期与低沉期是相间分布的：一般在前 15 分钟到 20 分钟，学生学习效率比较高；在课堂最后几分钟，学生的学习效率也比较高；中间 10 分钟左右的时间，学生的学习效果比较差。

学习心理学还揭示，学习时存在首因—近因效应：对于最先接触的学习材料和最后接触的学习材料，学生记忆的效果好；对于中间接触的学习材料，学生记住的内容少、记忆效果差。

课堂里教与学的行为如果符合学习心理学的规律，将产生良好的学习效益。考虑学习心理学，课堂里的教学行为需要针对低沉期改变讲授方式，如将语言讲解转变为视频讲解，或者将讲授转变为学生讨论，变换学生的学习方式。这样，可以再次唤醒学生的学习兴趣、维持学生的学习兴趣。考虑学习心理学的教学行为，需要考虑在学生学习的高效期进行重要概念的陈述，而在低沉期安排一般支撑性事实的介绍。这样，重点内容在高效期展开，可以提升学生的学习效率。

### （二）记忆和遗忘

学习心理学理论认为，记忆的过程是：外界信息通过感觉登记，将输入的信息保持一段时间；然后，通过注意，将信息储存至工作记忆；通过将新信息与先前知识建立联系，形成长期记忆。长期记忆的知识，可以通过陈述性知识和程序知识、内隐知识和外显知识来做区分；知识通过多种方式编码，都与其他知识关联、构成组织，是一个网络系统。常练习、频繁使用的信息，特别是熟练到自动化的信息提取非常容易。提取常常是一个建构过程，一些信息碎片被提取到，另外的没有被提取到的信息由一个有逻辑的、连贯的（有时可能是错误的）回忆（建构）来填充。当信息不常使用或完全不用的时候，则很可能会衰退甚至消失。关于一件事情细节的信息往往比事情本身的基本意义或者主旨消失得更快。记忆会受到干扰信息的影响而被遗忘，如果排除干扰源，记忆的回忆率可以高达 85%。[1]

当前，脑科学还没有揭示具体的学习如何与脑结构的变化之间联系，脑科学还难以直接对提高课堂里的学习效率提供指导。我们探讨学习行为有效性的主要依据，还是有关学习的心理学研究成果。当我们重温有关学习心理学的成果时会发现，几乎每一条都对我们有启发。例如，如果教与学的行为能促进注意、信息编码和记忆以及信息提取，都将是有效的。因此，概念的结构化、新知识与已有知识建立联系，都是能有效促进记忆和

---

[1] 奥姆罗德 . 学习心理学：第 6 版 [M]. 汪玲，李燕平，廖凤林，等译 . 北京：中国人民大学出版社，2015：129-215.

提取，有效对抗遗忘的方法。

学习心理学还告诉我们，在教学活动中一般的提取原则是：信息的内部组织促进信息的提取，信息的首次提取影响它后来的提取；特定情境下才能提取的信息理论上应该和那个特定的情境一起储存，外部提取线索能够将提取失败概率减小；与先前学习材料有关的问题能够促进功课复习和进一步精细化；对教学目标进行分类有助于提醒学生按要求思考和运用所学知识；提取需要时间；课堂评估显著影响储存和提取；长期记忆可能永远都不会是对信息的完全可靠的记录。[1]

这些认识，给我们分析教与学的行为与有效学习的关系更具体的启示。例如，首次提取的信息非常关键，这是一个信息重构的过程，因此，首次提取信息务求准确。我们由此可以明白，为什么学生一旦有知识性错误，错误会很“顽固”。又如，精细的信息特别容易被遗忘，因此，精细的信息需要予以特别的注意。

### （三）元认知与自我调节学习

元认知（metacognition）是人们对自己的思维、学习过程的意识和理解，以及对能促进学习与记忆的思维与学习过程的调节。简而言之，元认知就是对思维的思维。学生的元认知越高级，他在学校的学业成绩就可能越好。自我调节学习（self-regulated learning）的过程就反映了元认知过程。自我调节学习过程包括以下内容[2]：

建立目标——知道学习的目的是什么；

计划良好——有效利用时间去完成学习目标，会投入较多时间在学习困难的材料上，以确保它们得以巩固，或者忽视确实难以完成的学习任务；

自我驱动——具有高的自我效能感，高度自律，能用各种策略坚持任务；

控制注意——全神贯注于学习任务上；

---

[1] 奥姆罗德．学习心理学：第 6 版 [M]. 汪玲，李燕平，廖凤林，等译．北京：中国人民大学出版社，2015：215-220.

[2] 同 [1]272-275.

学习策略有效——所用学习策略与目的匹配、有效；

自我监控——持续监控学习过程，必要时会改变学习策略或修正学习目标；

适当寻求帮助——知道什么时候寻求专家帮助，能积极主动寻求帮助；

自我评价——能确定所学结果是否达成目标；

自我反省——能评价学习成果或有效应用的程度，也能确认未来使用什么策略更有效。

通过上述关于元认知与自我调节学习理论的叙述，可以推演哪些教学行为是有效的。显然，那些能够提升学生元认知水平，能对学习做自我调节的行为，是有效的行为。从行为的外在表现看，那些有效注意时间长、高度自律、能用多种策略解决问题、能调整策略、会适时寻求帮助的学生，其学习行为将与高效学习有更密切的联系。

## 三、教与学的行为与学科内容

教与学的行为表现为“动作”，但它们一定不仅仅是简单的“动作”，而是以心理活动为基础，承载着学习内容的传递或信息的获取，具有目标导向的。因此，探讨教与学的行为，需要将行为所承载的学习内容建立联系，将行为表达的内容放到课堂整体——教学目标、教学内容和教学过程中去考察。

泰勒在《课程与教学的基本原理》中提出，所有课程与教学都是围绕着 4 个中心问题运转的：学校应该达到哪些教育目标？提供哪些教育经验才能实现这些目标？怎样才能有效地组织这些教育经验？我们怎样才能确定这些目标正在得到实现？[1] 因此，一堂课我们也可以认为是由 4 个部分组成的有机整体：（1）确定目标；（2）选择经验；（3）组织经验；（4）评价结果。

显然，每一堂课都是有教学目标的，虽然教师在写教学设计的时候，未必很重视教学目标的陈述，但是，教师走进课堂时都是带着教学目标的。

---

[1] 泰勒 . 课程与教学的基本原理 [M]. 施良方，译 . 瞿葆奎，校 . 北京：人民教育出版社，1994：1-34.

每一堂课，对于学生来说也是有学习目标的预期的。教学目标的实现，依赖于学习经验的选择和组织；教学目标最终是否达成，是通过评价来判断的。学习目标实现的途径就是学生在每一堂课里的学习行为。实现教学目标所依赖的经验（学习内容）的选择、组织、呈现，既通过教师教的行为在课堂表达，也通过学生学的行为而内化。教与学的行为、教学目标、教学内容与教学过程存在统一性，对教与学的行为的探讨，就必然要与教学目标、教学内容、教学过程建立联系。

生物学课堂里，教师讲解的、学生讨论的，主要是生物学事实、概念、思想、方法；师生进行问答对话的过程中，思考的也是和生物学的事实、概念、思想、方法有关的内容。这些行为承载的信息，才是我们应该关注的核心。

## 四、学习行为的结果——学业成就与未来发展的关系

本书在探讨好课的标准、教学行为时，在知识、能力方面所花篇幅多。但是，这并不意味着高效的课堂就是提高记忆提取率的课堂，就是提高学业成绩的课堂。

所谓有助于学生学习的课，既要能提升学生学业成绩，有助于提高学生考试所需要的知识和技能水平，又要着眼于未来，让学生有应对未来工作、生活所需的知识、能力与态度，要对学生的终生幸福有帮助。

从这个意义看，我们在探讨教学行为是否有效时，一定要有更加宽阔的视野。

联合国教科文组织曾经提出，教育的目的，是让学生学会认知、学会做事、学会共处、学会做人（发展）。[1]

生物学课堂教学的目标，是育人，是促进学生的发展。因此，我们有必要将目光从课堂里的知识，转向更宏大的社会系统，去探寻课堂里教和学的旨归。

---

[1] 联合国教科文组织．教育：财富蕴藏其中 [M]. 联合国教科文组织总部中文科，译．北京：教育科学出版社，1996：49-60.

生物学课程和教学，应该可以为学生的终身发展提供更丰富的“营养”：让学生既学习知识又经历知而识之的过程，并在知而识之的过程中学会认知和合作共处；内化的知识、能力与态度可以迁移运用于生存和发展；生态学思想可以迁移到生活中的平等合作、和谐共处；系统论思想、进化思想可迁移为对开放交流、发展、改变的深刻认同。[1]作为指向人的发展的生物学课程，科学精神、人文情怀、中华优秀传统在教材和教学里应该体现；国家认同、国际理解，也可以在潜移默化中渗透。立德树人、发展学生核心素养，促进人的成长和发展，生物学课程应尽全力。[2]

从学生未来发展的角度看生物学课堂教学，我们对所谓有效的课的分析就不会局限在知识的记忆、理解和解题里，就能综合地看教学行为的育人价值所在。

例如，在教学“生态系统中的信息传递”时，虽然需要让学生知道生态系统中的信息有物理、化学、行为信息等，但是其重点不是区分判断某一信息究竟属于哪一类型，特别是究竟是物理信息还是行为信息，而是多种多样的信息在生态系统中发挥的重要作用，是尝试将生态系统中的信息传递与细胞、个体层次的信息传递联系起来，认识信息传递对于维持生命世界运转的意义。因此，课堂里的教学行为应该去承载这些教学目标。

又如，有些学习方式对于概念的记忆、考试答题来说，效果并不好，但是，学习过程本身却可能就是为学生未来参与社会生活奠基。让学生平等地参与讨论，其本身就是教育目标之一，是学生未来参与社会的演练。

因此，对于一些课堂来说，教学活动有效性，要从育人的角度去思考。

总之，关于教学行为的研究，我们既要考虑分类分析，用量化方式来寻求规律，又要将行为结合具体内容来展开探讨；既要关注教学行为承载的可见的知识和可观察的能力表现，又要关注无形的思想和精神层面的教育意义，要把教学行为放到育人的大背景里去审视。

---

[1] 谭永平 . 从发展核心素养的视角探讨高中生物必修内容的变革 [J]. 课程・教材・教法，2016，36（7）：62-68.

[2] 谭永平 . 生物学学科核心素养：内涵、外延与整体性 [J]. 课程・教材・教法，2018，38（8）：86-91.

# 第三章

# 生物学课堂里的教如何优化

分析、研究教学行为，可以告诉我们一节课里已经发生了什么，这些事情怎么发生的。进一步追问已经发生的事实，则可以提示我们如何改进教学行为，使得课堂教学有更好的效果。通过前面已经介绍的实证研究我们可以知道，课堂里教师的教和学生的学的行为，都可以通过分析、反思来主动改进。因此，在研究、分析了中学生物学课堂教学行为，并且探讨了作为教学行为有效性的前提——好的生物学课的特点之后，我们可以探讨如何改进教学行为了。需要说明的是，本章主要探讨教师的教的行为如何改进，出发点是以“教”的行为改进来促进“学”的效率的提高。

# 第一节　提问与反馈的改进

近年来，很多中学生物学课堂里占时长比例最大的教学行为，是“教师问——学生答（教师观察倾听）——教师反馈”的行为。在某种意义上，以前的“满堂灌”已经转变为“满堂问”。实际上，教育界人士提出，教和学中，最重要的事情就是问正确的问题；对于促进学习来说，在正确的时间问不同种类的问题，则是非常重要的。[1]

多种事实和观点都指向以下结论：课堂里教师如何提问和针对学生的回答做反馈，对于改进课堂教学行为、提高教学效率是十分关键的。改进教师在课堂里的提问，将大大改进课堂教学效果。

## 一、关于提问

关于提问的分析和改进，应该包括以下两个方面：

对问题本身的分析；

对怎么问问题的分析。

### （一）对问题本身的分析

教师在课堂里提问，就问题本身来说，应该考虑以下几个方面：

应该问多少个问题？

应该问什么类型的问题？

问题越难越好吗？

---

[1] CONTANT T L, BASS J L, TWEED A A, et al. Teaching science through inquiry-based instruction[M]. New York: Pearson, 2018: 112.

提问的目的是什么?

应该针对哪些内容提问?

所问问题之间应该有什么样的关系?

基于上述考虑,我们以下就其中的主要方面来展开讨论。

1. 应该问多少个问题

关于提问,我们首先应该肯定的是,在课堂里“问”比“不问”好!研究表明,适当高频率的提问,对学生的学习有积极作用;研究人员发现,被叫起来回答问题的学生比没有被叫起来的学生的学习效果要好。[1]

在此基础上,我们来进一步讨论:在课堂里什么样的提问频次是合适的呢?

在讨论这一问题之前,我们先来了解一下课堂里教师提问的现实情况。

有研究表明,50 分钟的数学课上,高效课堂教师问了 24 个问题,低效课堂教师问了 9 个问题[2]。这里提到的低效课堂教师的提问数量那么少,显然不是我们观察到的多数课堂里的情况。

笔者通过曾经做过的课堂教学行为分析发现:绝大多数的课堂提问次数范围为50~90次。课堂提问最少的也有37次,最多的则有155次。这样的情况,并非我国特有,在国外的课堂里也早就存在。例如,有学者1981年的研究报告指出,小学和中学社会学科教师平均每分钟会提1.5个文字问题。[3]那就意味着,40分钟的课堂里会问60个左右的问题。又如,大约一个世纪以前的研究表明,教师每分钟会问1~4个问题;1971年出版的关于提问行为的研究综述中提到,教师每分钟会提出1~3个问题,Jackie Acree Walsh等在95位教师的录像课中发现,15分钟内教师提问的平均数量是43个(每分钟2~3个)。[4]

---

[1] 沃尔什,萨特斯 . 优质提问教学法:让每个学生都参与其中 [M] . 刘彦,译 . 北京:中国轻工业出版社,2009: 11.

[2] 崔允漷 . 有效教学 [M]. 上海:华东师范大学出版社,2009:157.

[3] 丹东尼奥,贝森赫兹 . 教师怎样提问才有效:课堂提问的艺术 [M] . 宋玲,译 . 北京:中国轻工业出版社,2015: 29.

[4] 同 [1].

以上几项研究表明，国外学者所做的课堂提问频次研究，其结果和我们的研究结果大致相同。

我们基于提出问题是为了促进学生思考，而思考需要时间这样的基本常识来判断，如果平均每分钟提问次数达到 1.5 次甚至更多，那么，要么是多数问题本身不太需要长时间思考，要么是学生未能经过思考就必须做出回答。从上述关于课堂里教学行为研究的情况看，很多课堂里，教师平均每分钟问 2 个甚至更多的问题，这样的提问频次明显是偏高的。

那么，究竟提问多少次是合适的？遗憾的是，目前并没有见到有关问题数量是如何影响学生学习的研究，因此，很难基于研究来判断究竟什么样的提问频次是合适的、高效的。很多教育者认为，经过精心组织和陈述的问题，比一大堆问题更能促进学生的思考。

基于以上资料，以及日常经验，笔者根据课堂观察的经验来估计，一般的课堂里平均一至两分钟提一个问题，对于促进学生思考来说，可能是合适的。当然，这仅仅是根据经验所做的推论，而不是实证数据。因此，这一推论仅作为同行们进一步做实证研究来证伪的标靶。

2. 应该问什么类型的问题

当然，我们在探讨如何提问时，不但要关注问题的数量，还要关心问题的质量。要研究问题的质量，首先要对问题做分类。对问题做分类，可以如前文所述，将问题分为复杂程度不同的几个层次。

我们拿一个提问片段来看一下提问情况。下面是一节小学阶段数学课“负数”的教学片段。

师：好，下面大家闭上眼睛，请大家……（操作电脑，播放天气预报的音乐）

师：熟悉吗？

生（齐答）：熟悉。

师：是什么？

生（齐答）：天气预报。

师：知道我们是用什么来测气温的吗？一起说说看。

生（齐答）：温度计。

师：那你们会看温度计吗？

生（齐答）：会。

师：学过吗？

生（齐答）：学过。

师：咱们四年级的科学课上学过，是不是？

生（齐答）：是。

师：好，看这个温度计，一大格表示多少摄氏度？

生（齐答）：10 摄氏度。

师：最后一个男同学回答。

生：表示 10 摄氏度。

师：一小格呢？好！这位女同学回答。

生：表示 1 摄氏度。

师：他们的回答对吗？

生（齐答）：对。

师：你们同意吗？

生（齐答）：同意。

师：那你们觉得温度计上哪个刻度最重要啊？第一个女同学回答。

生：零刻度。

师：同意吗？

生（齐答）：同意。

师：那零刻度上下的两个刻度 10 表示的气温一样吗？

生（齐答）：不一样。

师：上面一格是……好，这位女同学回答。

生：上面是零上 10 摄氏度。

师：真清楚！下面一格呢？请你说。

生：下面是零下 10 摄氏度。

师：你们同意吗？（操作 PPT）

生（齐答）：同意。

师：零上温度和零下温度正好……

生（齐答）：相反。

师：那对于这样一组意义相反的量我们可以用一组什么样的数来表示呢？好，你的小手举得最高，你说吧。

生：可以用正数和负数表示。

师：你们会吗？

生（齐答）：会。

师：好，请你说零上 10 摄氏度怎么表示。

生：正 10 度。

师：你们听清楚了吗？你的回答对吗？还差那么一点点。

生：正 10 摄氏度。

师：再说一遍。

生：正 10 摄氏度。

师：真好！零下 10摄氏度怎么表示呢？好，最后一个戴眼镜的男同学。

生：记作负 10 摄氏度。

师：你们同意吗？

生（齐答）：同意。

师：看来同学们已经会用正数和负数来分别表示不同的气温了。真好！

在这样的课堂里，所提问题基本上是不需要深入思考即可回答的事实性问题。甚至有的问题是一问众口齐答，回答无非是“好”“是”“对”“赞同”等一个字、词即可的，这样的问题几乎无需思考，我们称之为群体无意识问题——只要在群体中靠下意识反应即可回答的问题。

那么，这样的情况在课堂上是不是个案呢？是不是只有小学阶段才会出现这种提问情况呢？实证研究告诉我们，不是的。在初中甚至高中生物课堂里，也同样存在类似问题，只是情况略微好一些而已。

在一节关于生物的多样性及其保护的八年级生物课里，我们的教师在引入一小段事实之后，就在不到一分钟内问了好几个问题。

多种多样的生物是地球赐予我们的宝贵财富，是人类赖以生存的资源，是一座座独特的金库。

我们能允许它们被破坏吗？（学生齐答：不能）

我们能眼睁睁地看着它们从地球上消失吗？（学生齐答：不能）

我们应该怎么做？

今天我们就来学习“保护生物的多样性”。

为什么要保护生物的多样性呢？

显然，其中有的问题也是无需经过大脑思考就可以回答的。

研究显示，这样的提问方式不但在我国课堂里常见，在国外的课堂里也常常出现。有关课堂观察的结果显示，教师在教学过程中并没有运用那些能有效促进学生思维的发展与完善的、有建设性的问题；在绝大多数的情况下，教师提出的问题都是些低水平的、连珠式的记忆性问题，学生通常只用一两句话便能回答。[1]

如前所述，在多数课堂里教师所提的问题，我们可以根据复杂程度分为三大类：理解性问题、事实性问题、群体无意识问题。在科学研究中，我们经常说问题可以分为三大类：是什么（What）、怎么样（How）、为什么（Why）。如果要将上述课堂提问与科学研究中对问题的分类对应起来，理解性问题大致相当于“为什么”和“怎么样”的问题；事实性问题大致相当于“是什么”的问题；群体无意识问题则是凭经验、经历即可简单判断的问题，以及指向简单地表达廉价赞同的问题。

从课堂教学的有效性来说，教师所提的问题，应该是事实性问题（简单问题）与理解性问题（复杂问题）相间组合的问题，从而将学生的思考引向深入，而不应该全都是简单的问题。

关于课堂里所提问题的分类，以上所述仅是其中一种，还有其他的对问题进行分类的方式。例如，根据问题在教学中的作用，可以将问题分为

[1] 丹东尼奥，贝森赫兹．课堂提问的艺术：发展教师的有效提问技能 [M]．宋玲，译．北京：中国轻工业出版社，2006：30-34.

聚焦式问题、提示性问题、探查性问题。这几类问题各有自己的意义，因此，教学中也应该根据课堂进展情况，选择适当的问题类型来组合。

以上所讨论的，是对课堂所提问题的一种分类方式，即按照问题难易程度来分类。实际上，对课堂所提问题进行分类的方式有很多，从不同角度去探讨问题的类型，是很有必要的。表 3-1 所阐述的 6 类“有效的问题”（productive questions），也很值得借鉴。

**表 3-1　6 类有效的问题 [1]**

| 问题类型 | 典型的问题开头 | 学习者的行动要求（思考策略） |
|---|---|---|
| 吸引学习者的问题 | 你看到……，它像什么？<br>你注意到了什么？<br>这里发生了什么？<br>你听到（看到、感觉到、闻到）了什么？ | 分享先前的经验 / 知识<br>观察，特别是值得注意的细节<br>观察、描述一件事物<br>用多种感官去感知 |
| 测量与计算问题 | 有多少……？<br>有多重（热、远）？<br>发生的频率如何？ | 计数，增加资料的精确性<br>使用仪器测量数据<br>决定频率的因素 |
| 比较问题 | 哪一个更长（重、冷）？<br>长多少？<br>有哪些相同（不同）点？ | 通过某一特性来排序<br>长度的差别<br>分析、分类技能 |
| 研究问题 | 在……的时候发生了什么？<br>如果……将发生什么？ | 设计研究，尝试发现不同变量之间的关系<br>应用变量之间关系的知识做预期，检验预期 |
| 基于问题的问题 | 设计一个……模型<br>改进产品的途径是……<br>你将怎样实现自己的目标？ | 计划并实施问题的解决<br>评价挑战，改进可能的解决方法 |
| 因果问题 | 你为什么认为……？<br>你会怎样解释……？<br>支持你观点的证据是什么？ | 元认知<br>应用技能解释并分析资料得出结论<br>准备来自证据的论证 |

[1] CONTANT T L, BASS J L, TWEED A A, et al. Teaching science through inquiry-based instruction[M]. New York: Pearson, 2018: 115.

从科学教学的角度看，在课堂里综合提出这 6 类问题，对于学生建构知识、理解科学的本质，是很有意义的。

3. 问题越难越好吗

教师在课堂里问的问题，难度应该适当。上文已经讨论，那些群体无意识问题，显然过于简单，提问的实际意义不大。不过，教师有时所问的问题显然过难，而且，这种难还不是思维深度上的难，而是事实性知识掌握上的难。

例如，有教师在教学人教版生物学教材八年级下册“家蚕的生殖与发育”时，设计了这样几个问题。

从蚕卵到肥壮的幼虫需要经历怎样的磨难？

家蚕蜕皮时有什么特点？

你知道怎样鉴别“男”“女”家蚕吗？

在完成了繁衍的任务后，蚕蛾又有什么归宿呢？

有多少生物教师能够准确地回答上述问题呢？究竟有没有必要问那么难的问题呢？问这么难的问题的价值是什么？

如果问题难得有意义，那么难一点也未必不可以。例如，关于家蚕，如果追问“家蚕为什么会进行变态发育？‘作茧自缚’对于家蚕的生长发育有什么意义？”这样的问题对于初中学生来说可能有难度，但是，这样的追问却能引导学生对生命现象终极原因“进化”的探索，这样的问题是有意义的。

由此我们可知，提问还需要考虑问题的价值，要考虑提问的目的。

4. 提问的目的是什么

课堂里教师提的问题，应该是有明确的目的的，这不言而喻。然而，根据笔者的观察，在许多课堂里，教师未必真的清楚为什么要提问。因此，这个话题值得探讨。关于提问的目的，本来应该是本节一开始就讨论的话题，但是，笔者考虑到一开始就讨论这么抽象的问题，容易让读者兴味索然，所以放到讨论问题的类型之后来讨论。

要提出优质的问题，教师在问之前应该问自己："我在这个时候问这个问题的意义是什么？"不过，我们许多教师在提问之前，实际上可能并没有问过自己这样的问题，甚至在进行教学反思的时候，也根本没有想到要就提出问题的目的做出反思。

例如，在人教版生物学教材八年级下册关于"观察鸡卵的结构"实验中，教师在课堂里问了学生这样几个问题：

观察鸡卵外壳表面有什么结构。

打破卵壳，观察卵壳共由几层构成。

以课本图片为参考，请你为大家介绍你手中的鸡卵。

小组讨论各结构能否缺少，并说明原因。

教师认为自己在教学时问的这几个问题有内在逻辑关系，是"问题串"。确实，这几个问题是循着鸡卵的外表、层次，以及各部分结构的作用来展开的，但是仔细分析可知，这几个问题看似在将对鸡卵结构的追问深入推进，实际上仍然在生物学表面知识层次铺开。

而教科书中，让学生结合实验中的观察，思考以下两个问题。

请推测卵壳、卵壳膜、卵白和卵黄各有什么功能。

卵的哪一部分将来可以发育成雏鸡？

我们不妨就教师所问问题和教科书中问题来做一个对比。教科书中问的两个问题，目的聚焦于鸡卵的结构有助于它在陆地环境孕育胚胎，以及有助于保护其中的胚胎。教师不用教科书中的问题，却问了更多问题，但是问题仅仅指向鸡卵的结构本身，只不过是从关注鸡卵的主要结构到关注鸡卵更细微的结构。假如教师能够追问一下自己所改编问题的目的指向，那么，就很可能不会问这几个问题了。

上述例子中所提问题都指向知识的理解。实际上，课堂提问的目的不仅是为了促进知识的理解，它应该有更多的功能。

有学者指出，课堂口头提问的目的有如下几种：在考试之前进行复习；了解学生是否已经阅读并理解某一段落；判断家庭作业的完整性和学生对其理解程度；评估学生在教学之前、中间或之后对某个话题的了解程度；向学生提示重要的课程内容；促使学生讨论；为练习提供机会；为学生示范优质提问的模式。[1]我们在前文讨论问题类型的时候，曾经提到问题可以分为聚焦式问题、提示性问题、探查性问题，实际上也提示问题具有聚焦学习内容、提示学习要点、探查学习结果等目的。

关于科学课堂里提问的目的，有学者提出，科学教师课堂提问一般有以下目的：管理课堂活动，发起并支撑探究，指导学生组织资料（数据），鼓励学生反省（怀疑）数据（资料）并用作建构解释的证据，当学生遇到困难时提供帮助以促进问题解决，帮助学生理性地、整体地感知科学，测评学生的知识和理解。[2]

借鉴上述资料，基于课堂观察的经验和生物学课程的目的，综合来看，我们可以认为，在生物学课堂里教师提问可以有以下目的：维持学生的注意，引导学生关注学习重点；提示学生梳理信息，为下一步学习做准备；探查学生已有的前科学概念；搭建脚手架，建构概念；提示证据判别和逻辑运用，促进学生思维发展；促进学生运用已有知识和技能解决新问题；引导学生发散思维、开阔思路和视野，关注概念之间的联系或者生物学知识与社会的关系；评估学生学习的进展情况；等等。

就提问的目的来说，上述每一个提问目的，都有进一步探讨的空间。例如，就“提示证据判别和逻辑运用，促进学生思维发展”来说，课堂里如何结合具体知识内容来提问，就特别值得研究。以下我们拿一个课例片段来分析。

在教学人教版高中生物学教材必修一“分子与细胞”模块“光合作用的原理”时，呈现希尔反应（离体叶绿体在有水但没有二氧化碳的情况

---

[1] 沃尔什，萨特斯 . 优质提问教学法：让每个学生都参与其中 [M] . 刘彦，译 . 北京：中国轻工业出版社，2009: 22.

[2] CONTANT T L, BASS J L, TWEED A A, et al. Teaching science through inquiry-based instruction[M]. New York: Pearson, 2018: 113.

下，可以产生氧气）之后，如果直接由此得出结论“希尔反应说明光合作用产生的氧气中的氧元素都是来自水”，则存在逻辑上的瑕疵，因为希尔反应并没有说明二氧化碳的氧元素不能转化为光合作用产物中的氧气。这时提问：“希尔反应说明水的光解可以产生氧气，但是否可以说明光合作用产生的氧气中的氧元素全部来自水？”这一问题可以引导学生基于证据得出逻辑严谨的结论。高中生物学教材在这里就是这样设计的，其中就蕴含着引导学生运用证据做出合理判断的思维训练。

5. 应该针对哪些内容提问

课堂里教师就哪些内容来提问，这似乎是完全开放的，既可以是学习的核心内容，也可以是生活经验、社会现象。在听课的过程中，我们发现，教师在课堂上问的问题，有的确实是远离本节的学习内容的。

例如，在人教版生物学教材七年级下册“合理营养与食品安全”的教学中，有不少的课例把这一节课上成食品鉴赏课，因此问题也就五花八门，非常发散。

“班级里的这些食品（粽子、月饼、汉堡、比萨等），大家最喜欢吃哪一种呢？”实际上，这些食品都有营养，关键在于营养的搭配。至于某人喜欢吃哪种食物，这并不是营养的问题，而是个人的饮食偏好。这样的问题，会偏离合理营养的话题。

显然，课堂里针对哪些内容设计问题，是值得探讨的。

首先，针对哪些内容提问，和提问的目的有关。因此，教师在设计课堂提问时，要先弄清楚提问目的，再来设计问题。例如，探查学生的前科学概念的问题，主要就是针对与所学概念有关的知识经验来提问；建构概念的问题，搭建脚手架，就会聚焦生物学事实的抽象、概括，提炼概念。

其次，课堂里应该优先关注重要概念、核心素养的问题。那么，如何确定优先顺序呢？

以下我们以人教版生物学教材高中选择性必修 2“生物与环境”模块中“生态系统中的信息传递”一节为例来探讨。

“生态系统中的信息传递”包括以下内容。

生态系统中信息的种类：生态系统中的信息几乎无处不在，这些信息可以分为物理信息、化学信息、行为信息。

信息传递在生态系统中的作用：生物个体的生存、繁衍，调节种间关系，生态系统的平衡与稳定，都离不开信息传递。

信息传递在农业生产中的应用：提高农畜产品产量、控制有害动物。

在上述内容里，隐含着的内容有生命的信息观——生命活动不但需要物质和能量，也需要信息；信息对于维持生命系统的正常运转，以及生命系统的延续和发展，都非常重要。

我们可以利用一种框架分析方法，思考这一节中“什么是最值得教给学生的”。下面用三个嵌套的圆圈来表示这些内容之间的关系（图 3-1）[1]。

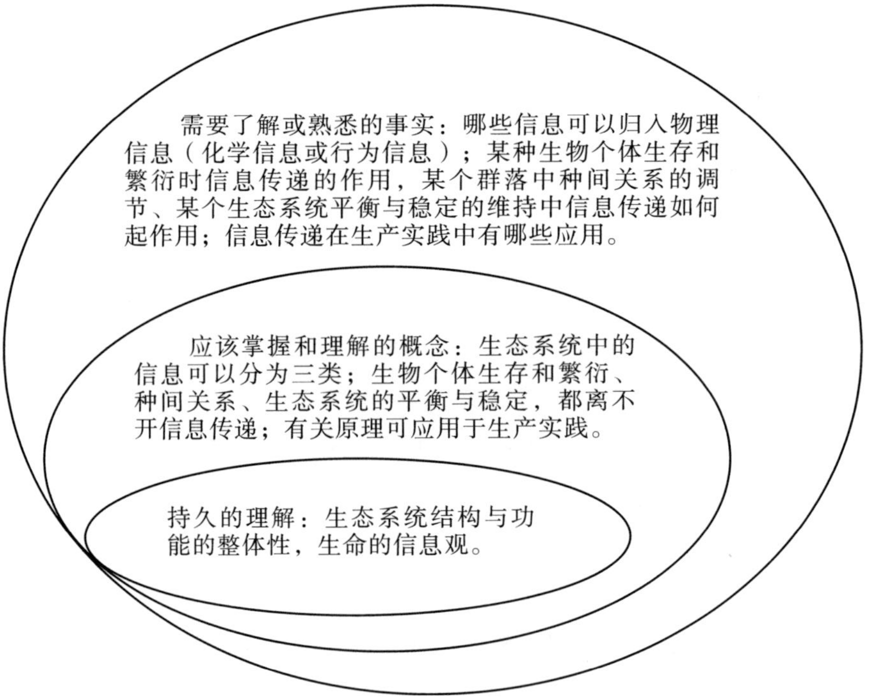


图 3-1　生态系统的信息传递内容层次关系

“信息传递在海豚捕食中起什么作用？”“植物的种子萌发需要哪些

[1] 沃尔什，萨特斯．优质提问教学法：让每个学生都参与其中 [M]．刘彦，译．北京：中国轻工业出版社，2009：24-25.

信息来激发？”“烟草是如何通过信息传递来调整种间关系的？”这样的问题，指向的是生物学事实。

“在生态系统中，信息传递的意义是什么？”“物质、能量、信息之间的关系是什么？”“生态系统中物质、能量、信息的关系，在细胞、个体、种群、群落层次中也有相似的表现吗？”这样的问题，指向的是持久的理解。

关注核心内容是指问题应该具有指向持久理解的方向性。教师可以针对应该了解或熟悉的内容、需要了解或熟悉的内容来问一系列问题，但其指向应该是持久的理解。因此，问题的设计，还涉及问题之间的关系。

6. 所问问题之间应该有什么样的关系

教师在课堂里显然不会只问一两个问题，而会问几十个问题，这些问题显然不是各自孤立、没有关系的。所问问题之间的关系，对于提问的有效性影响非常大。

将散乱的问题、逻辑关系不清楚的问题精简、整合，组织成由事实性的问题和理解性的问题构成的有内在联系的问题链，将难度较低的问题和难度较高的问题适当混合，每一个问题串都指向核心内容，这是我们期待的课堂提问所表现出来的问题之间的关系。

在教材中，有些问题串的设计可以给我们设计课堂问题提供参考。

例 1　在人教版生物学教材必修 1“分子与细胞”模块第 5 章第 4 节中，教材介绍“捕获光能的色素和结构”时，就设计了如下问题串。

对于高等植物来说，叶片是进行光合作用的主要器官。这些植物的叶片多数是绿色的，说明其中有绿色的色素……可见，叶片中的色素可能与光能的捕获有关。

绿叶中究竟有哪些色素呢？

绿叶中的色素有 4 种，它们可以归为两大类……

这 4 种色素对光的吸收有什么差别呢？

……叶绿素 a 和叶绿素 b 主要吸收蓝紫光和红光，胡萝卜素和叶黄素主要吸收蓝紫光。这 4 种色素吸收的光波长有差别，但是都可以用于光合作用。

这些色素存在于细胞中什么部位呢？

……后来，科学家才弄清楚，叶绿素并非遍布整个植物细胞，而是集中在一个更小的结构里，这个结构就是叶绿体。

叶绿体的结构适于进行光合作用……

叶绿体除吸收光能外，还有什么功能呢？

教材从叶片是绿色的、含有色素引入，提出第一个问题：绿叶中究竟有哪些色素？在引导学生通过实验认识到绿叶中含有 4 种色素后，进一步追问这 4 种色素吸收光能的特点，引发学生思考绿叶中有 4 种色素的意义，再介绍 4 种色素都能吸收光能，这样可以提高对光能的利用率。此后，追问色素存在于绿叶中什么部位，由此引出叶绿体的结构。在介绍了叶绿体的结构特点之后，进一步追问叶绿体除了吸收光能还可能有什么作用，引出光合作用的过程。可见，4 个问题构成的问题串，确实起到串联知识内容，进而层层深入的作用。

例 2　人教版生物学教材必修 2“遗传与进化”模块第 1 章第 1 节，结合孟德尔的豌豆杂交实验介绍分离规律时，也设计了一组问题。

孟德尔用纯种高茎豌豆与纯种矮茎豌豆作亲本（用 P 表示）进行杂交（cross）。他惊奇地发现，无论用高茎豌豆作母本（正交），还是作父本（反交），杂交后产生的第一代（简称子一代，用 $F_1$ 表示）总是高茎的。

为什么子一代都是高茎而没有矮茎的呢？

孟德尔带着疑惑，用子一代自交，结果在第二代（简称子二代，用 $F_2$ 表示）植株中，不仅有高茎的，还有矮茎的。

为什么子一代没有矮茎的，而子二代又出现了矮茎的呢？

……对 $F_2$ 中不同相对性状的个体进行数量统计。结果发现在所得的 1 064 株 $F_2$ 植株中，787 株是高茎，277 株是矮茎，高茎与矮茎的性状分离比接近 3∶1。

子二代中出现 3∶1 的性状分离比是偶然的吗？

孟德尔还对豌豆的其他 6 对相对性状进行了杂交实验……

看来，$F_2$ 中出现 3∶1 的性状分离比不是偶然的。是什么原因导致遗传性状在杂种后代中按一定的比例分离呢？

4 个问题，都是结合实验现象来发问的，随着实验揭示的遗传现象越来越复杂，所问问题也越来越深入。问题最终的方向，都是孟德尔对分离现象的解释。

以上所举是教材中的例子，实际教学中有不少教师也有效地利用了问题串的设计思路来组织教学内容。现代生物进化理论、免疫调节、细胞分化等，都有教师探讨过如何设计问题串来组织教学内容。[1-2]

当然，课堂上教师所问的数十个问题，未必都是以问题串的形式发问的，课堂上还会有众多在教学互动中生成的问题，这些问题不是提前设计的，而是基于教学智慧创造的。但是，问题串的设计思路，可以为我们设计问题、生成问题提供启发和思考。

课堂上教师的提问，往往表现出围绕某一具体内容来提若干个问题，而很少有整堂课都用问题串的提问方式的。因此，有必要探讨如何围绕某一具体内容来设计若干有内在关联的问题。我们仍以教科书中的例子来说明。

人教版生物学教材必修 1“分子与细胞”模块第 5 章的“细胞呼吸的原理和应用”一节，“问题探讨”在介绍了背景材料后，“讨论”的 3 个问题都较有代表性。内容如下。

酵母菌细胞富含蛋白质，可以用作饲料添加剂。在培养酵母菌用作饲料添加剂时，要给培养装置通气或进行振荡，以利于酵母菌大量繁殖。在利用酵母菌生产葡萄酒时，却需要密封发酵。

[1] 于伟东 . 以问题串为主线、以概念图为依托的课堂教学：以“现代生物进化理论的由来”一节为例 [J]. 中学生物学，2016，32（7）：33-34.

[2] 唐小萍 . 用问题串深化高中生物概念教学 [J]. 中学生物教学，2017（12）：47-48.

讨论

1. 都是培养酵母菌，为什么有的需要通气，有的却需要密封？

2. 为什么通气有利于酵母菌大量繁殖？

3. 在密封发酵时，酵母菌将有机物转化为酒精对它自身有什么意义？

这三个问题中，第一个问题所指向的是酵母细胞在不同条件下的细胞呼吸——有氧和无氧条件下的细胞呼吸；第二个问题则是在第一个问题的基础上，针对有氧呼吸的意义——提供的能量多来提问；第三个问题在第一个问题的基础上，针对无氧呼吸对于细胞来说存在的意义——在缺氧条件下也为细胞生活提供能量而设问。三个问题有内在的联系，且是逐步深入设问的。

### （二）对怎么问问题的分析

1. 应该问谁

我们在课堂里提问，多数时候应该问谁呢？这看似不是一个问题，但实际上却又是特别需要反思的问题。

首先，教师面向全班问的问题，一般来说应该是所有学生都应该思考的问题，否则就不需要面向全班来提问。在面向全班提问时，我们的基本共识是：好的问题能帮助学生学习，所有学生都能对所有问题做出回答，所有学生的答案都值得尊重。所以，教师提问时不能仅仅青睐几个优等生，而应该关注全体学生。[1]

其次，在问完问题，点名回答的时候，教师未必真的是关注了全班学生。笔者通过课堂观察和访谈发现，有不少教师在提问后，经常指名回答的对象是那些积极举手发言的学生，是教师预计能够回答出其想要的答案的学生。如果某位教师的课堂提问经常面向少数学生，那么不久后他（她）的课堂里将出现仅有少数学生参与互动，大多数学生将成为旁观者的状况。美国学者进行的一项对四至八年级科学课的研究发现，25%的学

[1] 迈尔 . 怎样上课才最棒：优质课堂教学的十项特征 [M] . 黄雪媛，马媛，译 . 上海：华东师范大学出版社，2011：26.

生从来不参与课堂活动；另一项对二年级科学课的研究表明，在所研究的1 245名学生中，29%的学生在课堂上是完全沉默的，15%左右的学生平均每节课回答问题16次，主导了课堂的互动，其他学生平均不到4次。

最后，学生坐的位置会影响被教师点名回答问题的机会。研究表明，教师习惯性点名回答的学生位置是T型的，也就是教室里第一排和中间两列的学生有更多的机会被点名回答问题，因为他们处于教师的中心视野。[1]

课堂氛围的形成，和教师在提问时的行为应该是存在某种联系的。教师在课堂里只点一部分学生回答问题，学生就知道自己在课堂里的角色是什么——是参与者还是旁观者。作为旁观者，就不再有兴趣参与问答互动了。

那么，怎么改进提问时“问谁”的行为习惯呢？

首先，要有意识地反思自己点学生回答问题的行为习惯。只有知道不足之处，才能有意识地改进。

其次，还可以采取以下具体措施来改进。例如，有意识地提醒自己，不能只叫举手者回答问题。这样，那些不举手的学生也知道自己有思考问题并回答问题的义务和机会。教师也应该让学生知道，无论学生的回答是正确还是错误，都对课堂教学有意义。即便学生回答错误，教师也可以感谢他回答问题，因为有错误答案才有暴露理解偏差的机会，然后才能剖析问题。当然，教师不能用语言或行动暗示学生，在回答问题时将手举得越高越好（如你的手举得高，就请你来回答）。又如，每隔几分钟换一个位置站，以不断转换自己的中心视野；定期轮换学生位置；条件允许的时候，改变排座位的方式。这样可以减弱学生所坐位置对被点名回答问题机会的影响，让坐在不同位置的学生都有回答问题的机会。再如，提问时适当放慢节奏，也有助于更多的学生参与问题的思考和回答，提高参与课堂互动的学生的比例。有关这一点的原因，我们在后文讨论怎么问时再具体阐述。

---

[1] 沃尔什，萨特斯．优质提问教学法：让每个学生都参与其中 [M]．刘彦，译．北京：中国轻工业出版社，2009：45-54.

2. 在什么时候问

课堂里，教师在什么时候提问，似乎是没有什么限制的。但是，经验告诉我们，在适当的时间，问适当的问题，对提高教学效率是有益处的。因此，在什么时候问问题，特别需要探讨。所谓的适当的时间，可以依据学生学习的状态来判断。学生理解错误、学习遇到困难、有疑惑时，学生理解表面化需要深入时，是教师提问的恰当时间。

（1）错时问

教师通过设问，让学生知道自己理解有错误，且帮助学生认识到自己的理解存在哪些错误，从而获得正确的认识。

例如，高中生物学关于免疫调节的内容，学生对细胞免疫、体液免疫的关系往往存在不准确的认识，特别是细胞免疫暴露出抗原之后，学生通常会认为免疫反应已经结束。这时，教师可以追问："靶细胞破裂后暴露出来的是抗原，我们回忆一下刚才所学的知识，想一想，免疫系统面对抗原时会有什么反应？"

（2）难时问

教师通过设问，为学生解决疑难搭台阶，帮助学生解决难题。

高中生物学关于细胞呼吸的内容，对于无氧呼吸的酒精发酵和乳酸发酵的准确理解是学生学习的难点之一。教师针对这一难点，可以在介绍了两种无氧呼吸的反应式之后提问：一般而言，酒精发酵存在于酵母菌和植物细胞中，乳酸发酵存在于乳酸菌和动物细胞中，那么，人体的肌肉细胞进行无氧呼吸时会产生酒精和二氧化碳吗？植物根系在被水淹的情况下进行无氧呼吸会产生乳酸吗？

（3）惑时问

教师通过设问，帮助学生解决疑惑。

例如，教学人教版生物学教材七年级下册"发生在肺内的气体交换"时，学生对"究竟是由于胸廓的扩大导致吸气，还是吸气导致了胸廓的扩大"往往存在疑惑。教师可以针对这一疑惑提出问题：我们再观察一下胸廓和肺的结构，胸廓上有多组肌肉，肺的主要结构肺泡却是薄薄的上皮细胞。胸廓容积变化、肺的容积变化，都需要有"动力"。那么，从提供动力的角度看，是胸廓主动扩大更有可能，还是肺主动扩大更有可能呢？这样，就可以帮助学生解决疑惑。

（4）浅时问

教师通过设问，让学生知道自己的理解停留在表面化阶段，需要深入。

例如，高中生物学关于光合作用的教学中，学生对于光反应和暗反应的关系，可能理解得比较浅。教师在这时可以提问：暗反应不需要光，只能在黑暗环境进行吗？光照条件对植物进行暗反应是不是没有影响？

（5）闷时问

教师通过提问，改变课堂沉闷的气氛。在学生听讲疲劳，注意力转移时，教师通过提问重新吸引学生的注意力。

（6）乱时问

在课堂秩序出现混乱苗头时，或者在需要集中全班学生的注意力时，教师可以通过提问重新掌握主动权，维持秩序，把握课堂发展方向。

3. 应该怎么问

探讨应该怎么问的问题，我们从以下两个方面来展开。

一是教师提问后什么时候请学生回答问题。

教师提问后什么时候请学生回答比较合适呢？实际教学中，许多教师提问后马上就点学生起来回答，甚至在某些情况下，教师先点学生站起来，再问问题。从提问技能的角度看，这样的做法显然是不太合适的。

一般来说，教师提问后，至少给出 3 秒钟的等待时间。教师给 3 秒钟的等待时间，学生就可以组织答案，从而回答得更为完善。同时，在等待的 3 秒钟时间里，问题由谁来回答没有明确，每一个学生都是潜在的任务执行者，每一个学生都会设想自己可能要回答问题，因此，他们都需要认真思考问题。此外，教师给 3 秒钟的等待时间，可以通过课堂上的沉默提醒那些注意力开始游离的学生迅速将注意力回归课堂。经过短短 3 秒的等待，那些原本没有机会参与问题讨论的学生也将参与进来，这样做将会有更多的学生思考教师所提的问题，从而能有更多的学生参与课堂互动。可见，课堂提问后等待 3 秒钟时间是值得的。

二是教师应该怎样陈述问题。

以下陈述问题的方式，在我们的课堂里并不少见。

你能说一下植物细胞的基本结构吗？
你可以说一下什么是食物链吗？

这样问问题，似乎通过商量的口气让问题表现得“和蔼可亲”，但是，如果严格按照语义来理解，问完这样的问题之后，学生可以回答“不能”，那么问答结束。如果学生回答“能”，教师应该接着说，“那么请你说一下”。实际上是将一个问题变成两步来完成。并且，这样的商量的口气，会让一部分学生觉得教师并不信任他，并不确定他是否能回答。因此，我们需要避免在课堂里机械地使用这样的陈述问题的方式。那么，什么样的陈述是良好的？以下陈述方式，是值得推荐的。

仔细观察……，你注意到了什么？
回忆一下……，你想起来关于……的……？
比较……与……，它们之间存在什么相似 / 不同？
把……分在一起，依据是什么？
根据……原则，可以把……分为哪几类？
我们可以由此归纳，得出……

## 二、关于观察、倾听

教师提问之后，学生回答时，教师怎么观察和倾听？在回答这个问题之前，我们需要确认的是，教师是否观察了、倾听了。

课堂观察和访谈表明，在学生回答问题时，教师往往是在等自己想要的答案，而不是真正听谁在讲什么；或者是思考接下来要讲述的内容，思考自己要提的下一个问题，而不是关心学生的回答。我们可以分析一个例子，来看看这样的情况是否普遍存在。

以下内容，是教学人教版生物学教材七年级上册“种子萌发的环境条件”开始的片段。

教师在播放了一段种子萌发的视频之后，说："好了，看了刚才的画面，你想知道些什么？"

学生陆续做了如下回答。

种子为什么会在春天萌发？

植物的种子是怎样萌发的？

种子萌发需要什么条件？

周围的环境对种子萌发有什么影响？

一夜之间，种子为什么能由那么小，长成那么茁壮的苗？

为什么叶子是绿的，不是红的？

我想知道怎样区别各种植物的种子。

我想知道种子发芽是往上长的还是往地下发的。

种子萌发需要多长时间？

在学生发言之后，教师说："同学们已经从自身的经验出发提出很多问题。爱因斯坦说过，提出一个问题要比解决一个问题重要得多。同学们的发言，多次提到了种子和萌发，这节课我们就锁定种子萌发这个话题，一起来探究种子萌发需要哪些环境条件。"

学生虽然在回答教师问题时提出了各种想法，其中甚至不乏亮点，有的问题直指本节要学习的核心问题，但是，教师基本上没有回应，而是继续点其他学生回答。教师在最后总结陈述时，只关心种子、萌发这两个关键词。根据教师的表现，可以推断，学生在回答时，教师是在等自己要的答案，实际上不太关心学生说了什么，提出了什么新的观点。

此外，课堂观察表明，很多的课堂里，教师在学生回答完问题后，平均只等待 1 秒，甚至即刻就做出反应或开始讲课。有的课堂里，甚至学生还没有回答完问题，教师就干扰、打断学生的回答，或者急迫地肯定、否定学生的回答，点其他学生来补充，自己开始讲课。原因是，教师这时候无意倾听学生的表达，而是在思考自己接下来要讲什么，急于继续自己的讲述。

那么，如何改进观察、倾听呢？

首先，在改进提问的基础上，教师能有意识地反思自己的观察、倾听的行为，知道观察、倾听在课堂里的价值，能反思自己是否真正在课堂里观察和倾听了。

其次，在观察、倾听时，教师应该注意在学生回答问题后，不要马上就做出反应，而是等待 3 ～ 5 秒再做出反应，这样，就能更好地倾听，避免打断学生的讲话。这样做的好处是，还可以让其他学生有时间发表评论。因为一般来说，学生回答问题之后，具有权威地位的教师做了总结发言，其他学生就没有意愿再参与讨论，即使有不同的想法，也不愿意再发言挑战权威了。

最后，观察、倾听时，教师应注意自己的肢体语言，教师的眼神、体态，都不应该表现出“不愿意听”。否则，敏感的学生会在看到这样的“表态”后立刻停止发言。

我们期待学生的回答清晰、准确、完整，具有逻辑性和原创性。但学生的回答可能会切中要领，也可能答非所问。多数时候，学生的回答往往既有合理之处，也有不准确之处，容易片断化、模糊化、散乱化……

怎么样做才能引导学生清晰、准确、完整地回答？要改进问，也要改进倾听和反馈。

## 三、关于反馈

关于反馈，我们首先应该确定的是，学生回答完问题，教师不能没有反馈。这既是对学生基本的尊重、鼓励，也是为了不让全班学生被错误的发言带偏。

需要及时反馈以免让全班学生被错误发言带偏，可用多年前笔者曾经在南方某大城市回访听课的经历来说明。

那节课是教学人教版生物学教材七年级下册“探究环境污染对生物的影响”，教师用当地媒体报道的“来本地某湖泊越冬的天鹅死亡，而该湖泊因周边企业排污被污染”的例子引入，让学生分成小组讨论天鹅为什么会死亡。几分钟后，各小组汇报讨论结果。其中一个小组是一名男生举手汇报，他说：“我们认为天鹅是被气死的。”这个答案实在是有点匪夷所思，教师在愣了一下后，问："为什么呢？"学生继续说："因为天鹅爱美，它在这个湖里游泳的时候，湖里的油污沾在它的羽毛上，怎么洗也洗不掉。它就继续洗啊、刷啊，嘎嘎地叫，可还是洗不掉。它气得'嘎嘎嘎'地叫，最后就气死了。"这段发言引来全班的哄堂大笑。

面对这样的发言，教师如果说："很好，请坐！"那么，教师就是为学生的错误发言背书，也就是让那位说错了的学生代表教师做了错误的发言。并且，一旦某位学生的发言得到教师的肯定，那么，其他学生就有很大的可能认可该观点，或者认可该表达方式。

这时，教师若及时引导学生将思考纳入科学轨道，那么这一回答即使十分荒谬，也不是没有意义的。例如，教师可以说："你的观点非常有想象力，你的依据是天鹅爱美，不美则宁可死。可是，科学要讲道理，你又是怎么判断你的这个理由成立的呢？你能通过什么途径去论证呢？"

因此，对于学生的回答，教师需要及时反馈，对正确的回答予以肯定，对错误的回答予以纠正。重要问题更是需要及时澄清答案，提供有良好组织的叙述，帮助学生建构概念、提炼思维方法、感悟思想观念。

当然，及时反馈并不意味着着急充分肯定或否定学生的回答，或者急于陈述正确的说法！而是在经过适当的等待之后，让学生有充分的自我反省的机会，完善答案之后再反馈。因为教师一旦就此问题发言之后，就很少有学生再思考了，即便思考了也不敢再发表意见。

那么教师的反馈有哪些功能呢？反馈可以重新聚焦问题，精确阐述准确答案，得出结论、定义，进一步提供细节支持，突出关键、焦点，激发思维，鼓励学生进一步挑战，让更多学生参与。

现实中的反馈是什么样的呢？我们看一个例子。以下是"种子植物"一节关于种子萌发的环境条件的教学片段。教师在播放了一段播种的视频后，开始与学生对话。

师：看了刚才的这个视频，结合我们同学的经历，谁能说说播种的一般程序是怎么样的？你来说说我们是怎么播种的。

生 1：先是在土壤上挖开一个小坑，把种子依次放在里面，把土填平，用脚踩实，然后再浇上些水，定时除草和施肥，这种情况下种子就萌发了。

师：有没有补充的？好，这位女同学，你来。

生 2：如果是刚刚种下去的种子是不可以施肥的，如果施肥太多，种子容易死。

师：哦，刚种下去是不可以施肥的。后面的女同学请你说说。

生 3：我种种子的时候，把那个种子埋下去，都没有用脚踩实；还有，有的种子可以直接放在土的表面，不用埋土。浇上些水，但是要浇透。那样就可以了。

师：好，看来会播种的同学真多。

上述案例中教师对学生发言的反馈，具有一定的代表性。总体来说并没有特别不合适之处，但是缺乏教学中生成的智慧。从功能来看，教师的反馈基本上只有一种——让更多的学生参与。学生的回答虽然在进步，但是，教师的反馈却仍停留在同一水平，而没有关注学生回答的不断完善，未能就学生回答的改进及时总结提升，未能从现象的描述深入原理的探讨。

就这一段问答对话来看，针对学生的回答，教师可以有更多类型的反馈。例如，针对生 1 的回答，可以追问细节："都踩实吗？怎样浇水？种子发芽前就除草施肥吗？"针对生 2 的回答，可以在重复"刚种下去是不可以施肥的"后，追问"回忆一下前面学习的种子的结构，种子里除了胚还有什么？那些结构有什么作用？"由此，引导学生联系前面所学的种子的结构的内容，通过种子的结构来推断种子发芽时并不需要额外提供的营养。针对生 3 的回答，可以首先肯定这位学生的回答有明显的改进之处——不踩实，有的甚至不埋土，然后，进一步追问这么做背后的道理，从而将讨论聚焦到种子萌发需要空气上。

当然，教师在课堂里对学生回答问题的反馈，反应的时间很短，很难深思熟虑，在课堂里处处都表现出"教学智慧"是很难做到的。不过，对于善于反思的教师来说，经常反思自己的反馈情况，分析可以如何改进，可以逐渐提高在课堂里即时反馈的水平，从而成为一位驾驭课堂的能手。

本节最后，我们用表 3-2 来总结回顾一下优质提问课堂的特点。

**表 3-2　优质提问教学课堂**[1]

| 共同的信念 | 行为 | | 学生的表现 |
| --- | --- | --- | --- |
| 优质的问题能够帮助学生进行学习。<br>所有的学生都能对所有的问题进行回答。<br>所有学生的回答都是值得尊重的。<br>思考时间是很重要的。<br>学生在迷惑或好奇的时候会提出问题。<br>所有的学生都会思考和推理——而不仅仅是死记硬背。<br>发散性思维是很重要的。<br>并不是所有的问题都有一个标准答案。 | **教师**<br>· 所提出的问题要清晰、集中和有目的性；<br>· 所提出的问题要包括各种认知水平；<br>· 在提出问题后允许等待时间 1；<br>· 在学生回答后允许等待时间 2；<br>· 给予每个学生平等回答的机会；<br>· 允许并鼓励学生提问。<br>**在学生口头回答的过程中，教师**<br>· 运用多样化的回答模式；<br>· 给予合适的反馈；<br>· 帮助学生正确地进行回答——重新解释问题，鼓励，在必要的时候给予提示；<br>· 保证所有的学生都能听到正确的答案。 | **在讨论的过程中，教师**<br>· 深入探究和重新引导；<br>· 鼓励学生与其他学生进行互动。<br>学生<br>· 重视所有的问题和答案；<br>· 思考所有问题的答案；<br>· 积极回答大声提出的问题；<br>· 在合适的认知水平上回答问题；<br>· 运用等待时间来考虑答案；<br>· 在提出问题的时候给其他的学生等待时间；<br>· 在迷惑的时候提出问题；<br>· 在好奇的时候提出问题；<br>· 对事实做出解释。 | **在课堂上，学生**<br>· 知道事实；<br>· 将理解建立在事实的基础上；<br>· 用知识来解决问题并做出决定；<br>· 产生新的思想和观念；<br>· 建立联系并做出结论；<br>· 假设并进行推断；<br>· 了解并运用有效的提问技巧；<br>—重新解释问题，提示，探究和引导；<br>—运用等待时间 1 和 2；<br>—给予有意义的反馈；<br>—在不同的认知水平上提问；<br>· 深入地思考并回答教师和同学的问题；<br>· 提出大量高质量的问题。 |

[1] 沃尔什，萨特斯 . 优质提问教学法：让每个学生都参与其中 [M] . 刘彦，译 . 北京：中国轻工业出版社，2009：7.

# 第二节　讲解与讨论的组合

课堂教学“教”的行为中，教师的讲解与学生的讨论，是与提问、回答、反馈一样重要的教学行为。

## 一、讲解

我们的生物学课堂曾经的主要教学行为是讲解—听讲，有的生物学课堂，从课堂气氛来看，是沉闷的；从教学目的来看，主要是知识的传授；从学习内容来看，主要是教科书内容的解析、综合与拓展，有不少课甚至仅仅是围绕高考内容展开的知识讲解与答题训练；从师生关系来看，课堂则几乎由教师主宰。不可否认，这样的问题甚至至今也依然存在。新课改初期，传统的课堂教学被猛烈抨击，教师讲授的作用一度被看轻。

我们要注意的是，传统课堂里的问题，不一定都是讲授教学本身的问题。实际上，教师的讲解并不必然比学生的自主探究和分组讨论更低级。从立新教授曾经在《讲授法的合理与合法》一文里写道：“讲授法不是万能的，但没有讲授法是万万不能的。”文中提到，讲授法遭到批判在于它显而易见的局限性，如对教师的教学水平要求较全面，对学生的学习动机要求严格，受到学生言语和思维发展水平的限制，必须与其他教学方法配合使用。但是心理语言学认为，言语的理解是一系列积极的、在经验知识指导下的操作活动，学生静听过程中也包含了复杂的思维过程；心理学家奥苏贝尔研究发现，讲授法可以脱离具体情境的限制，使教学突破个人生活的局限，能够简单有效地使学生获得知识，因而是比较高级的一种教学方法；维果茨基的理论证明了讲授法与人类的高级心理机能相关，随着儿童心理水平的成熟和学习内容的复杂，讲授法的地位也逐渐上升，而且讲授法的种种特点决定了它是传授系统知识的高效的教学方法。因此我们不能简单地批评甚至排斥讲授法，要认识它的合理性，承认它的合法性，不断地在实践中探讨和提高它的科学化水平。[1]

---

[1] 丛立新 . 讲授法的合理与合法 [J]. 教育研究，2008（7）：64-72.

在今天，我们依然需要理直气壮地在课堂里“讲解”。对于“事实记忆”的内容，对于较难理解的抽象原理和规律，教师的“讲解”是可取的方式，甚至是必不可少的教学方式。当然，在强调讲解方法重要性的同时，我们也应注意讲解法存在的问题，要注意综合采用多种教学方法，特别是在基于事实、现象形成概念，理解原理、规律，需要调动高水平的思维时，可以考虑采用讨论法等多种教学方法。

理直气壮地运用讲解方法，不等于不需要考虑讲解的有效性。课堂里的讲解，应该避免讲述的误用：过短的时间内呈现了过多的新知识；讲述时间太长，超出了学生的有意注意时限；讲述的内容缺乏组织性、逻辑性，没有说明所讲述观点之间的相互联系；讲述时没有顾及学生原有经验和知识基础，或对学生的知识准备做想当然的假设；讲述时没有激发起学生有意义地理解知识的心理倾向。[1] 从学习心理的角度看，如果教师在课堂里的讲述时间过长，那么，其讲解的有效性可能需要怀疑。研究表明，讲解的时长与学生记忆存在这样的关系：讲解 15 分钟，学生能记住内容的 41%；讲解 30 分钟，学生能记住前 15 分钟内容的 23%；讲解 40 分钟，学生能记住前 15 分钟内容的 20%。[2]

关于讲解，已有研究证实，以下做法可提高学生的学习成果：清晰的教学语言；良好的教学内容结构；对学习进度的灵活掌控。[3]

从教学行为改进的角度分析如何用好讲解方法，需要我们思考以下几个问题：我们在课堂里讲了些什么内容？课堂里如何选择讲解的方法和手段？讲解的语言是否清晰、生动？讲述的内容之间是否有清晰的逻辑结构？生物学概念的形成是否有足够的材料支撑？讲解现象后有没有引导学生形成概念？

### （一）生物课堂讲解的内容分析

教师在生物学课堂里讲解的内容，包括事实、概念、原理、规律、方

---

[1] 崔允漷 . 有效教学 [M]. 上海：华东师范大学出版社，2009：142-143.

[2] 柳夕浪 . 课堂教学临床指导 [M]. 3 版 . 北京：人民教育出版社，2011：91-92.

[3] 迈尔 . 怎样上课才最棒：优质课堂教学的十项特征 [M] . 黄雪媛，马媛，译 . 上海：华东师范大学出版社，2011：2.

法、思想、观念，以及评论等。我们在进行每一节课的教学时，不妨先对这一节的教学内容的层次做一下分析，这样，我们在课堂里讲解时，就能较好地把握内容之间的关系，使得行为之间可以相互支持。

以下是人教版高中生物学教材必修1“分子与细胞”模块“细胞的增殖”一节教师讲解的片段。

请注意观察照片中所示的细胞特点，特别注意细胞核的位置和分裂间期比有什么变化。（学生回答：细胞核的核膜不明显，出现了染色体。）对，核膜消失，核仁也解体了。还有一个特别明显的变化，是染色质螺旋缠绕，缩短变粗，变成染色体。当然，照片上还没有呈现的细胞特征：细胞两极发出纺锤丝，形成梭形的纺锤体。（**讲解现象**）

请再注意这时的染色体，它们有什么特点？（学生回答：一个着丝粒上连接着两条染色体。）对，一个着丝粒上似乎连着两条染色体。这两条共用一个着丝粒的染色体，我们称之为姐妹染色单体。（**讲解现象**）

上述这些特征，是有丝分裂前期的典型特征。（**讲解概念**）

我们刚刚分析了，要形成这两条姐妹染色单体，在间期需要进行DNA的复制和有关蛋白质的合成。在前期，它仍是由一个着丝点相连的。（**讲解现象**）

这时候，染色体的条数改变了吗？（学生回答：没有。）有丝分裂前期与分裂间期相比，DNA的数量翻倍，而染色体的条数没有变化。（**讲解现象**）

显然，在有丝分裂完成后，细胞中的DNA数量和染色体数量都要恢复到正常体细胞的状态，否则经过若干代有丝分裂之后，子细胞中的遗传物质数量将十分巨大。因此，细胞有丝分裂需要通过一系列的有效的机制，来保证遗传物质精确地平均分配给两个子细胞……（**讲解原理**）

在这一两分钟教师讲解的内容里，既有现象，也有概念和原理。一般来说，概念的讲解往往伴随着事实、现象的讲解而进行，因为概念、原理的理解需要以事实、现象为基础。

以下是教学人教版高中生物学教材必修 1“分子与细胞”模块中“光合作用与能量转化”时，教师总结的一段话。

了解了光合作用的过程，我们现在来对它做一个总结。光合作用包括光反应和暗反应两个阶段……光合作用是一个能量转化的过程——将来自太阳的光能转化为糖类等有机物中储存的化学能，这些能量是绿色植物以及地球上其他生物生存的基础；同时它也是一个物质转换过程，将水与二氧化碳转化为氧气和有机物，从而维持着地球上的碳氧平衡。光合作用为包括人类在内的绝大多数生命生存提供物质基础，也是地球上生态系统运转的动力阀门。

这一段话，既有概念的提炼，也有将光合作用的意义提升到思想、观念层次的总结。

在教学人教版高中生物学教材选择性必修 1“稳态与调节”模块中“植物生长素”时，教师在介绍达尔文父子注意到植物的向光性，并设计实验来探索之后，讲了以下这一小段话。

植物的生长具有向光性，这是许多人熟视无睹的现象。达尔文父子不但注意到了这一现象，而且追问造成这一现象的原因，更难能可贵的是，达尔文父子没有满足于推测，更没有臆测或者“向内心去寻找答案”，而是设计了简便易行的实验来探索，由此开启了人类探索植物激素调节的大门。此后，不断有科学家沿着这一道路继续探索，终于发现了植物激素调节的奥秘。这一实例，再次体现了科学以实证为判别的尺度，并且，科学是开放的和不断发展的事业。

这一段话，就是对事件的评述，是基于事实进行科学精神的提炼，是从事实到思想、观念的升华。我们常说的概念的网络化、知识的结构化，通过具体事件、现象，总结提炼出共性，就是其中的一种有效手段。

## （二）讲解的方法与手段

1. 如何组织语言

苏霍姆林斯基指出："教育的艺术首先包括谈话的艺术。"教师的教学效果，很大程度上取决于他的语言表达能力。实际上，课堂教学是否有效，课堂是枯燥、沉闷还是生动、有趣，很大程度上取决于讲解的语言。

首先，课堂讲解的语言应该规范、准确。

生物学课堂上，教师是科学界在课堂里的代表，生物教师的语言应该规范，所用生物学术语、名词应该准确，语言之间的逻辑关系应该清晰。这样，才能对得起科学界在课堂里代表的身份。

教师的语言规范，在许多关于教学的著作里都提到过，以下是其中一本书中关于讲述策略的节选。[1]

语音准确，语词恰当，语流连贯，语速适中。教师语音应以普通话为准，保证学生听清楚每一个字。教师也要适时、恰当地使用本学科的专业词汇，尽可能避免以日常生活词汇误导学生对专业术语的理解。为准确表达自己的思想和教学内容，教师应该选择最精确的词汇，防止使用笼统和容易引起歧义的词汇。为了使表达连贯流畅，教师在备课时应把教案中的书面语言转换为适合自己个性的口头语言；讲述时尽量使用短句子，切忌说话带"口头禅"和多余的助词。教师讲述时的语速以稍慢于日常生活中讲话的速度为宜，大致每分钟 200 字。

依据讲述内容选择适宜的组织形式。组织形式大致有以下几种：（1）整体—部分关系，即把所要讲述的内容逐级细化，分成若干个便于学生理解的任务或问题。教师由一个任务或问题向另一个任务或问题过渡时，要向学生发出"转承"信号，提示学生旧任务已结束，新任务要开始。如"这样，我们就结束有关……问题的讨论，接下来要考虑的问题是……"。（2）序列关系。这种组织关系以某种顺序，如时间顺序、因果顺序或事件发展顺序等为基础而展开。（3）相关关系。这种关系有一个核心思想，即教

---

[1] 崔允漷 . 有效教学 [M]. 上海：华东师范大学出版社，2009：142-143.

师讲述时要围绕核心论点来选择并依次展开相关的论据。(4)比较关系。教师组织对两类或多类事物作比较讲述，可先列出或界定第一个比较的维度，然后说明各类事物在这一维度上的异同；接着列出第二个比较维度，重复上述过程。

有意识地使用连接词。连接词可以恰当表述各部分思想之间、句子之间或短语之间的关系，例如，因为……所以……，如果……那么……；结果……；通过……（手段）；等等。

在生物学课堂教学中，概念的讲解是讲解内容的核心。教师在讲解概念时，需要注意概念教学的基本要求。概念包括名称、定义、内涵、外延、例证等要素。例证对于理解概念的内涵、外延是十分关键的。因此，如果能够用好例证，则可以提高概念讲解的有效性。比较合理的例证使用方式，可以先给出几个概念的例证，然后求同归纳，形成概念的定义，再用新的例证来验证概念定义的理解；也可以先给出概念的定义，再用例证来进一步说明概念的定义，将概念定义、内涵中较难理解的细节、具体过程逐步阐述清楚。前一种方式，适合于那些不太复杂，但是经常迁移应用的概念，如氨基酸的结构；后一种方式，较适合于那些复杂的概念，或者复杂的生命活动过程，如光合作用的过程。

生物教师是科学界在生物学课堂里的代表，语言还应该符合科学规范，表现出科学、严谨。在作为科学课程的生物学课堂上，我们应该经常听到的关键词有："观察""推论""猜测""可能是""支持""提出"。最典型的语句应该有："知道的并不都是看见的"；"我们观察到什么了"；"我们能够推论出什么了"；"我们可以归纳出"；"科学家提出该理论很好地解释了已有的事实"；"根据理论进行进一步推断，可能是"；"实验结果与预测一致，结果支持了"。如果生物教师在课堂里的发言中充满了"百分之百没有问题""我绝对可以确保"，那恐怕是需要反思的。

在基于事实建构概念的教学中，也应该体现生物学概念形成的内在规律——抽象、概括形成概念。例如，在对动物类群的特征进行讲解时，介绍代表动物的特征后，一定要再介绍其他动物的特征，最后总结归纳该动物类群的主要特征。因为从逻辑上来说，教师讲的是某类群动物的共同特征，而不是讲某个代表动物的特征。

其次，讲解的语言最好亲切、生动、形象。

教师的讲解，语态应该自然，语言应该简洁、干净、亲切。语调过高、过于尖锐，语言啰唆、重复过多，都是不受学生欢迎的。有的教师在讲解时，总是像在朗诵，这样也给学生以“假”“装腔作势”的感觉。讲课，就是谈话，在谈话时拿出朗诵的架势显然不合时宜。

有研究表明，很多生物教师认为在课堂里讲解的语言只要简洁、精确就可以，并没有认识到教师语言生动、幽默能够更好地激发学生的学习积极性。实际上，教师通过打比方、联系生活实际，或者用幽默风趣的语言来讲解，可以很好地调动学生思考，使得他们积极参与课堂活动。[1]

讲解要生动、形象。讲解时，最好能贴近学生生活。如果教师在讲解时能够多联系学生的生活经验，那么对于学生理解内容是很有帮助的。例如，在讲细胞呼吸时，可以将植物在氧气不足的情况下会进行酒精发酵与买回来的苹果放久了以后会出现酒味结合起来。讲解时，可尝试将枯燥、抽象的内容用幽默化的语言表达，可以打比方说明，也可以借助一些道具来形象地解释。

例如，朱正威老师就讲过，他的老师在课堂里介绍牙齿的作用时，突然转向黑板取下自己的假牙，带着瘪下去的两腮转回来时，学生一下就能明白牙齿除了咀嚼作用，还有支撑颜面部的作用。

课堂上，还可以恰当使用无声语言。即用言词以外的其他各种方式来表达自己的意图，包括肢体语言和沉默。有时，无声的语言能起到有声语言所不能取得的效果。例如，如果要提醒某些同学从开小差中回归课堂，可以突然停止讲课，利用突然的沉默来提示。

2. 讲解方式的综合运用

用什么方式讲？课堂讲解已经普遍综合运用语言、图解、动画、视频等多种方式。

---

[1] 冯韵．高效生物课堂的教师语言研究 [D]. 重庆：重庆师范大学，2015.

课堂教学中，综合运用语言讲解、板书、挂图、动画、视频等多种方式，一方面，是利用多种方式各自的优势，使得讲解清楚、形象、生动。例如，动画、视频可以将静态的描述变成动态的过程，从而便于学生理解那些原本抽象的生命活动过程。另一方面，综合运用多种讲解方式，可以通过变换刺激方式，维持学生的注意力。例如，在学生对语言讲解感到疲劳时，换成动画演示，则可以因为刺激方式的变化，再次吸引学生的注意。

然而，我们在关注视频、动画等视觉材料的优势的同时，也需要关注文本、图像、语言介绍的特定的优势，还需要关注 PPT 和板书各自的优势。例如，关于器官、系统的结构，用概念图、模式图呈现比用语言描述更为精确、得当。例如，关于呼吸系统的组成、血液循环等内容，不能轻易用视频取代教科书上的模式图加注解的方式。又如，用图像来呈现生物学知识内容，具有直观、形象的特点，对于讲解清楚形态、结构方面的知识，有很大的优势。

但是，我们也要注意图像上信息的复杂性，学生可能会被无关紧要的信息所吸引而未必注意教师希望学生关注的信息。比如，人教版初中生物学教材七年级下册 [1] 中关于人类起源与发展示意图（图 3-2），学生可能关注的是插图中“人的身高变化”，可能会误认为人类起源和发展过程中身高先增加然后又缩回去了，却不关注人类起源和进化过程中，各时期工具的变化。

图 3-2　人类起源与发展示意图

[1] 此处提到的人教版教材为人教 2001 版教材，书中其他各处提到的人教版教材均为人教最新版本教材。

有的插图，学生可能未必能通过读图抓住关键信息。比如，人教版生物学教材七年级下册中关于呼吸系统的组成这幅图（图 3-3），学生仅仅看图，未必能准确把握咽和喉的位置关系，因此，必要的文字辅助有助于让学生抓住关键。

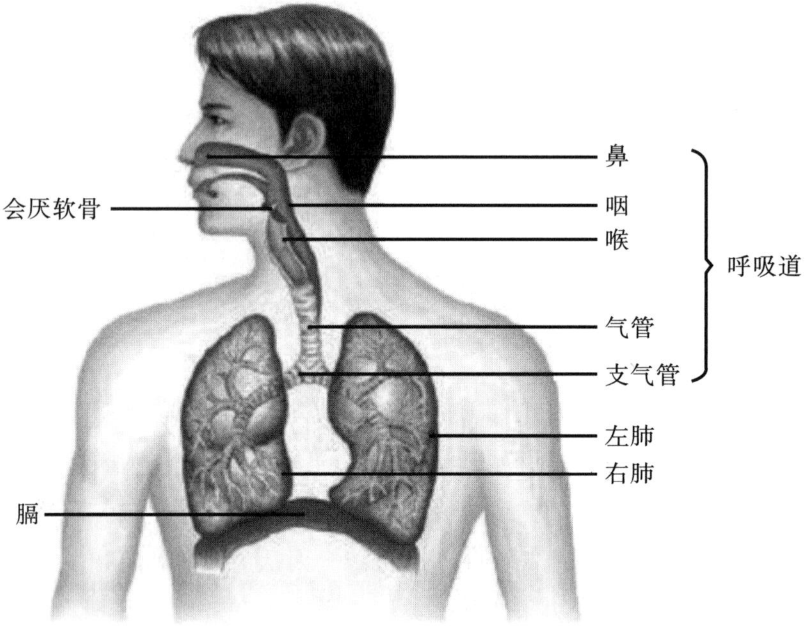


图 3-3　呼吸系统的组成

此外，教师讲解时，站在哪里讲，也会影响讲解的有效性。已经有不少的实证研究表明，教师站在不同的位置讲，下面的学生集中精力听讲情况会有较大的区别[1]。因此，教师在讲台前讲解时，不时地变换位置，能有效地吸引学生的注意力，阻止那些处于边角位置的学生开小差。

实际上，无论我们是站着、坐着，还是蹲在学习者的身边，或者是站在学习者的后边，我们所处的位置都会发出信息，表达我们希望他们做什

[1] MYERS A , ANDERSON S. How teacher positioning in the classroom affects the on-task behavior of students [J] . E-Journal of student research, 2010, 2(1): 1- 9.

么。有时，我们希望成为所有学生关注的焦点；有时，我们想要让自己不那么显眼而让学生自己更加突出。因此，巧用所站位置，还可以进行教室里话语权的转换。

## 二、讨论

新课改后，学生的讨论活动作为落实自主、合作、探究学习的重要教学方式，得到了广泛的应用。特别是在各类公开课上，讨论活动几乎不可或缺。

课堂上开展小组讨论，意义很大。小组讨论能够为培养学生从被动的重复者变为主动的学习者提供条件。（1）小组活动允许学生去发现事物和知识的意义、表述自己的意见和看法；在主动活动中获取的知识不仅比死记硬背教材获得的更生动，而且更容易被运用。（2）小组讨论活动增进合作精神与能力：在未来的经济、社会生活中，人们需要越来越多、越来越紧密的合作。这种精神和能力唯有从小培养，在真实的、需要合作的情景中培养。而小组讨论活动就是这样一种本身就具有教育意义的空间。（3）小组讨论活动发展思维和语言能力。小组讨论活动离不开思维和交际，而不同职能的小组活动又为学生了解和发展不同的思维能力、不同的交际能力提供了可能。[1]

随着新课改后自主、合作、探究的学习方式在一线教学中推行，小组讨论的教学方式广泛实施，原有单一、被动的学习方式被打破，学生的学习积极性、主动性得到调动，学生学习主体性得到更多的尊重。小组讨论的过程中，不同观点、不同解决问题思路之间碰撞，可以激发学生的想象力，调动学生的学习兴趣和学习主动性，学生在运用证据和逻辑进行辩论的过程中促进科学思维的发展，在主动建构概念的过程中深刻理解知识；同时，小组讨论具有一定的民主性和自由探索性，学生可以学会尊重别人的意见，并接受别人的批评，从而学会宽容和谦虚；小组讨论中，需要互

[1] 明轩．国外课堂教学技巧研究之二　小组讨论活动的组织技巧 [J]. 外国中小学教育，1999（5）：27-31.

助、民主的氛围，需要合作、求实、合群的品质，因此，它有助于学生提升交往能力，形成团队精神。

然而，在看到小组讨论对于激发学生自主学习、参与表达、探究合作的意义的同时，也需要关注讨论活动是不是应用得当。

新课改后的有些课堂（主要是所谓“为了体现课改新理念”的课）则走向了另一个极端。在这样的课堂上，学生进行的活动很热闹，但知识的教学极度弱化，只有所谓“过程”而没有“效果”，教学迷失于所谓的兴趣上，宝贵的教学时间被大大浪费；或者学生代替教师走上讲台，讲授着教科书上的相关内容，将教师灌输用学生灌输代替。例如，在关于“人体的免疫”的一节课上，有教师让学生做一个角色扮演活动，来模拟 HIV 侵入人体的过程：三五个学生走到讲台上，有的扮演 HIV，有的扮演细胞，你拉我的手，我拉你的手，这就代表了 HIV 感染的过程。姑且不说这样的活动在科学性方面是否严谨，就拿活动的直观性、有效性来看，也是差强人意的。可以说，这样的活动纯粹是为活动而活动，为活跃而活跃。这些课堂上，学生看着是动起来了，活起来了，但改变的不过是形式，而没有真正体现出教学效率的实质性提高。

有教师写道：“目前课堂教学中的‘小组合作学习’往往存在‘注重形式，忽视实质，缺乏实效’的现象。”

还有教师说：“在小组合作学习的过程中发现了不少问题，当我布置好本堂课的教学任务后，学生以小组为单位进行讨论时，学生的反应不能令我满意。有的‘你争我夺’，谁也不听谁的，只顾表达自己的意见；有的学生甚至天南海北地东拉西扯，高谈阔论，说了许多偏离了教学内容的话；有的学生在讨论时不能以理服人而与同学发生争执；还有的学习好或者性格外向的学生频频发言……表面上看学生们簇拥在一起七嘴八舌、热闹非凡、气氛高涨，学生的兴趣和参与的积极性被调动起来了，学生似乎成了课堂的主人。可实际上那些性格内向的和学困生，他们缺乏参与讨论的勇气，他们害怕提出的问题会引起同学的嘲笑，以至选择沉默。这样的小组合作学习怎能达到共同进步的目标？”[1]

笔者听课时课堂观察的情况，和上述描述基本吻合。

以下内容是某大学教师与大一学生关于小组讨论教学的对话。[2]

老师：你喜欢课堂讨论吗？

学生：不喜欢。

老师：为什么呀？

学生：因为很多时候自己和同学的观点都很肤浅，没有太大的收获。

老师：一点收获都没有吗？

学生：刚开始很有兴趣，上课劲头足，后来觉得课堂越来越水，学不到东西，啥收获都没了。

老师：其他同学也是这么觉得吗？

学生：是的，还有同学想打电话向学校教务部门投诉了。

参与对话的是正在读大一的学生。中学生比大学生的思维水平低，大学生所感受到的“讨论很水”“同学的观点肤浅”，高中生、初中生一定也感受到了。

看来，受到专家们热捧，课堂里广泛采用的“讨论”活动，不但教师们发现有需要注意的问题，而且在学生那也未必吃香。虽然我们不能简单地以学生不喜欢来否定这一教学方法，但是，我们显然可以认识到这一教学方法并不总是合适的，我们在采用讨论法的时候应该考虑如何提高这一方法的有效性。

小组讨论为什么存在这些问题？其原因可能有以下几个方面。

（1）分组随意。在日常的课堂上最常见的小组讨论，一般是同桌加上前排或后排两人，共四人一个小组进行讨论。班级排座位时，却未必考

---

[1] 佚名.小组合作学习反思［EB/OL］.（2014-02-18）［2020-01-26］.https：//www.mian4.net/wendang/jiaoxuefansi/42989.html.

[2] 佚名.关于“课堂讨论”|心意教育热点小论坛［EB/OL］.（2019-05-22）［2020-01-26］.http：//www.sohu.com/a/315606142_100253060.

虑同桌、前后排同学的优势互补。因此，这样的随意分组，有的小组同质化严重，讨论难以深入进行。

（2）时机牵强。新课改后，有的课堂里为了表现出学生自主、合作、探究的学习氛围，会为了讨论而讨论。这些讨论，或者是在不恰当的时机进行，或者是有不恰当的内容：有时讨论的内容是非常简单的事实，有时讨论的内容是需要教师提供“脚手架”来解释的难点；有时讨论的内容是需要学生独立深入思考、自主探索、动手实践的，有时讨论的内容却是需要教师面向全班讲授的。讨论的效果较差。有的课堂里小组讨论频次过高，基本流于形式。

（3）目标不明。常见的讨论活动是教师提出一个问题后立即让学生讨论，讨论什么、要达成什么目标，教师未必交代清楚了。虽然教室里会出现热烈讨论的场面，但是，随后可以发现，学生未必真的达成必要的讨论目标。

（4）问题欠佳。不少的小组讨论活动，教师交代的问题或者过难、过于笼统而难以讨论，或者过于简单而无需讨论，虽然学生可能会热烈地“讨论”，但讨论的实际效果却不好，讨论显然流于形式。

（5）引导不够。引导不够至少有三种典型表现。一是教师留下的讨论问题有一定难度，学生已有的知识经验未必能解决，但是，教师却未能给出引导和指导，学生感觉讨论难以入手。二是学生讨论完，全班交流时，小组代表发言往往会说“我认为……”“我觉得……”，完全是代表个人发言，没有体现小组讨论合作，教师也未能及时引导。三是小组发言时，讨论的结果明显有不足却未能及时纠正，或者讨论的结果有创新、非常精彩也未能及时鼓励。长此以往，学生讨论的热情、讨论的收获将受到影响。

（6）时间不足。不少的讨论活动，教师留下讨论的问题后，学生仅有一两分钟的时间讨论，可能还没有弄清楚讨论的要求就已经终止了，很难深入进行。长此以往，学生就会在课堂里对讨论敷衍了事。

克服以上问题，可以大大增强小组讨论的有效性。当然，讨论不当，未必是讨论本身的问题，要提高讨论的有效性，是一个系统工程。

首先，要提高讨论的有效性，需要处理好讲授和讨论的关系。事实的陈述、必要的知识背景、理论的概述等，当讲授则讲授。正如丛立新教授在文章里所说的“讲授法不但合理，而且合法”。基于事实得出结论、理论的应用等，则可以让学生讨论，以训练思维、建构概念。

其次，教师自己应该具备良好的素养，为课堂讨论做好充分准备。在备课时应该明确教学的重难点，针对重点、难点设计讨论，并预想学生讨论可能遇到的问题，从而能在学生讨论时给予指导；同时，教师应该了解学生已有的知识经验，能根据学生的实际情况合理分组，能根据学生的实际情况设计讨论题，使得讨论可行、有效。讨论进行时，教师要有开放、包容的头脑，启发学生独立思考、各抒己见，在此基础上，引导学生分析分歧、辨析观点，从现象深入实质，并及时启示解决问题的思路、解答疑惑。讨论结束后，教师要及时总结、合理评价，让学生看到讨论有效果，从而具有继续参与讨论的积极性。对于那些讨论效果较差的小组，教师还可以指导他们认真准备、写出书面提纲，从容易的入手，再攻破难关，逐步提高。

最后，提高讨论的效果，不仅是教师努力就可以的，学生也应该愿意参与讨论、懂得如何参与讨论。学生应该知道，通过讨论建构知识虽然比被动接受知识要费劲，但是参与讨论是非常有意义的学习方式。讨论时，学生应该充分调动已有知识和经验，聚焦讨论的问题，知无不言、言无不尽，在讨论、碰撞中发展思维、建构概念。小组同学之间要有开放包容的心态和团队合作的意识。思维敏捷的同学应该适当关照思维迟缓的同学，对于其他同学不太准确的观点，应该态度上包容、思维上辨析；小组里要有分工，也要有合作。

在本节的最后，我们需要再整体地讨论一下讲解、讨论，以及前文所提到的提问、反馈的关系。

在课堂教学中，综合运用讲解和讨论结合的方式，还可以提高课堂教学行为的有效性。一节 40 分钟的课里，学生学习的高效期和低沉期是相间分布的。在前 15 ～ 20 分钟的时间，学生的学习效率较高，中间有 10 分钟左右学习效率较差，最后几分钟又有较好的学习效率。考虑学习心理，综合采用不同的讲解方式，同时，将讲解与提问、学生讨论活动结合，可以有效地克服学习疲劳，使得学生在学习的低沉期也能有较好的学习效果。

给学生练习机会、让学生反复练习已经被许多证据证明是有效的。我国教育界也有不少专家在总结如何才能让学生学得更有效时，提到“少讲多练”的观点。也就是说，让学生及时、反复练习，对于提高学生学业水平是有帮助的。在新课改之初，有许多教师不敢让学生在课堂做习题练习，以免被贴上过分重视知识的标签。事实证明，没有适当的练习，不利于学生理解和运用概念。因此，在课堂教学时，教师要讲，也要让学生练。

此外，教师的行为表现出投入、好意、关注，学生将对教师的教学更加认可，学习将更为有效。所谓教师表现出投入，简单地说，就是让学生知道教师为了上好课做了大量的准备；所谓教师表现出好意，就是让学生知道教师是与他站在一起的，是关心和关爱他的人，他们是共同体；教师表现出关注，就是教师关注学生的学习进步和困难。这些行为很难直接用某种语言来表达，但是，教师却可以通过行为来展示其意义。

可见，教学行为在课堂里是一个整体，综合运用恰当，才是提高课堂教学有效性的根本。正如简单的音符可以构成优美的乐曲，几种碱基就可以绘就遗传信息的蓝图一样，有序、整体地运用它们，是科学，也是艺术。

## 第三节　实验探究教学行为的优化

长期以来，实验探究教学一直是中学生物学教学的难点。一方面，教师们普遍反映，要全部完成教材中的学生实验探究教学（不包括教师的演示实验）有一定的难度。韦艳艳等对广西连片贫困地区高中生物实验教学情况的调查表明，一半以上的学校只开展教材中一半左右的高中生物实验[1]。有学者对广东东部地区高中生物学课程和教学情况进行的调查表明，有12%～16%的学校没有实验室或实验仪器、设备配备不足；有24.6%

[1] 韦艳艳，何城蝶，邵雪君．广西连片特困地区县的高中生物实验教学调查研究 [J]. 教育观察，2018，7（12）：7-8，15.

的学校没有专职实验员；实验课开设率不高，有77.6%的学校仅能开设1～5个经典实验；实验方式陈旧、探究性活动少；大多数学校缺少标本或模型[1]。几年前笔者进行的一项调查表明，能全部完成高中生物教材中设计实验的教师比例不足30%，多数教师仅完成教材中约35%的实验。初中的情况也差不多。另一方面，即便是能够开展的实验探究，教学效果也未必好。有教师反映，从考试成绩来看，让学生做实验未必比得过让学生听实验。不少学生也觉得做实验和探究后没有什么收获。

在探讨如何改进教学行为，提高实验探究教学的有效性时，我们需要知道，课堂里的实验教学行为只是浮在“冰山”上面的部分，“冰山”以下是教师和学生关于实验与探究活动本质和探究教学价值的认识。因此，要讨论实验教学行为，我们需要先针对当前实验教学存在的问题来展开探讨。

## 一、有效开展实验探究教学的基础

要真正实现实验教学的有效和高效，需要在以下几个环节进行研究。鉴于学生实验往往是教学中的难点，以下叙述是以学生实验为对象进行的。

### （一）保证必要的实验探究

在课时有限的情况下，实验探究活动过多确实是教学中师生压力的重要来源。在时间有限的情况下，如果超出能力范围去开展探究实验，反而可能会让学生在大量的探究中迷茫而流于浅薄。因此，笔者主张，与其每个实验探究都走马观花、照方抓药似的“快进”一遍，不如选择教育意义大、课标明确要求确有必要的适量实验探究来开展。

每个学期开展多少个实验探究活动合适呢？显然需要根据实际情况来进行判断。如果条件允许，当然是教材中的实验探究开齐，甚至再补充些才好。不过，鉴于当前的教科书为避免“探究力度不够”，已经安排了足

[1] 王桔红，马瑞君 . 新课程背景下粤东地区高中生物实验教学现状调查与思考 [J]. 教育与教学研究，2014，28（5）：110-113.

够丰富的探究活动，可以认为一般不要超过教科书中的活动数量。那么最少多少个呢？权衡必要性和可行性，每学期开展实验探究不应该少于5个。

那么，在众多的实验探究中究竟如何选择呢？我们还是需要从实验探究的教育价值去分析。中学生物学实验探究的目的不是发现知识，而是通过实验，体验实验探究过程，或者指向概念建构，指向科学方法学习与科学思想观念的感悟，指向社会责任意识与能力的提升。基于这样的考虑，应该综合判断教材中的实验探究活动的教育价值所在，来进行实验探究的选择。有关实验探究教育价值的分析，我们在探讨实验探究目的时再展开。

教学中，让学生进行的实验探究活动，应尽力保证可行。这就需要我们尽量考虑学校和学生的现实条件，了解学生学习中的困难。现实永远是我们进行实验探究教学无法离开的土壤。在了解现实的基础上，我们才能做好材料的选择与实验探究的指导。现实条件的梳理、材料的选择等有关内容我们后文再讨论。

### （二）明确实验探究的目的

由于实验探究教学内容十分宽泛，并涉及实验理论、实验方法、仪器设计、操作安排、数据处理和误差分析等众多方面。而且，每一个实验都与某个概念学习有关系。作为教师，应对每一个实验的内容有较为透彻的了解，首先应该明确每一个实验的教育价值，从而确定实验的目的。实验目的是实验的出发点和评价标杆。

一般来说，实验教学具有以下多种目的：学习学科内容，发展科学推理，理解实证工作的复杂性和不明确性，发展实践技能，理解科学的本质，激发对科学和学习科学的兴趣，发展团队合作能力。[1]

在业内不少同行看来，关于实验目的的探讨似乎是多余的。不过，文献研究和课堂观察都表明，许多实验教学，教师未必真的清楚实验的目的是什么。例如，国际教育科学院就指出，有的实验教学，教师往往重视实验操作技能的练习，但忽视实验在建构科学观念方面的价值。[2]

---

[1] LINN M C, EYLON B-S. Science learning and instruction [M]. New York: Routledge, 2011: 150.

[2] STAVER J R . Teaching science[M]. Belley: Imprimerie Nouvelle Gonnet, 2007: 9.

在我们所看到的实验教学的实践中，也确实存在不少由于对实验的目的和教育价值定位不准，导致教学效果南辕北辙的情况。以下我们通过一个实验探究的教育价值分析为例，来探讨实验探究教学目标应该如何确定。

人教版生物学教材七年级下册“测定某种食物中的能量”这个实验，实验装置相对简单，仅用铁架台固定锥形瓶，锥形瓶里装一定量的水，通过测量燃烧某种食物使得水温升高的值来测量食物中的能量。在实验教学时，不少教师把时间主要放在实验装置的改进方面，还常常抱怨实验装置不完善，测量的数据不准确，没法儿向学生解释。

我们不能说教师这么做、这么想没有合理的成分，但是，这样的行为表明教师没有真正分析清楚这个实验的教学价值、设计目的。那么，安排这个实验的目的究竟是什么呢?

准确地测定食物中的能量，对于七年级的学生来说，是一项几乎无法完成的任务，即使是大学高年级的学生做同样的实验，其效果也未必好。显然，这个实验的意图并不是让学生获得一个多么准确的数据。如果获得准确的数据不是这个实验的目的，那么，这个实验主要的教学价值，就不是让学生学习制作更好的实验装置而获得误差更小的数据。弄清楚这一点，我们在进行这个实验的教学时，就没有必要在装置的改进方面下太多的工夫，也没有必要为实验数据的误差比较大而苦恼。这个实验的目的主要在于以下 3 个方面。

第一，让学生通过实验，真实地观察并测量到食物中确实含有能量，不同食物中含有的能量的多少可能不同；认识到某种食物中究竟含有多少能量，可以通过实验来进行测量。

第二，测量是有误差的，而造成误差的原因有很多方面。需要对误差和造成误差的原因进行分析。

第三，让学生再一次体验基于测量的探究。

如果明确了这个实验的目的主要为以上 3 个方面，我们在进行这个实验的教学时，就可以把主要精力放在这些目标的达成上。

### （三）理清实验条件

对于探究实验的教学行为分析，如果只关注抽象的行为，或停留在对行为做分类和统计，可能对于实验教学的提升意义不大。因此，在分析实验教学行为时，我们更多地关注行为发生的条件，关注行为背后承载的内容。

实验条件会影响实验的效果，在许多情况下，它对研究结果的成败起着非常重要的作用。在教学实践中，有许多实验的教学效果不佳，往往和实验条件把握不好有关。因此，在生物学实验教学中，需要我们控制实验条件。

实验条件是指在实验过程中与研究对象相互联系并对其状态、性质和变化发生影响的诸因素的总和。实验条件主要包括以下几类。

1. 环境条件

由于生物都依存于一定的环境条件，因此，对于生物学实验来说，环境条件对实验结果的影响是非常明显的。环境条件主要包括温度、光照、空气成分、压力、压强、溶液浓度、pH、种群密度等。例如，“绿叶在光下制造淀粉”这一实验，对于光照、温度就有一定的要求，因此，冬天在室内做这个实验，如果温度过低，实验效果就很不理想。因为光合作用的暗反应是酶促反应，温度低，酶促反应慢，光合作用的速度下降；随着温度升高，光合作用速度加快，但是温度过高，则会影响酶的活性，反而使光合作用速度下降。因此，在光合作用的实验中，一般来说将温度控制在 25 ～ 30℃，才能得到比较理想的实验效果。

2. 时空条件

时间和空间的变化，对于生物学实验的效果也有影响。例如，洋葱根尖的有丝分裂在一天的 24 小时中是不同的，一般来说，下午 2 时是有丝分裂的高峰期，此时观察效果最佳。空间条件对实验结果也很重要，这在研究动物行为实验或生态学实验中表现得比较明显。因此，需要根据实验对象的特点，选择恰当的时间进行恰当的处理，并在恰当的空间进行实验。

时空条件也可以看作环境条件。

3. 药品试剂

生物学实验中，经常要用到药品试剂。毫无疑问，不同药品的种类、纯度、浓度、状态、质量等，会对生物学实验的效果产生影响。例如，在“检测生物组织中的糖类、脂肪和蛋白质”的实验中，检测糖类时，斐林试剂（通过与糖发生颜色反应而鉴定糖的存在的指示剂）的恰当使用是一个重要条件。实验时，斐林试剂中的甲液和乙液必须先等量混合，而且必须现用现配，再加入待检测的生物组织样液中，才能发生正常的颜色反应。如果斐林试剂的配制在顺序或时间上有差错，就不能获得准确的检测结果。

4. 仪器装置

仪器装置同样也是实验的重要条件之一。实验时，需要根据实验研究的目的、对象，选择相应的仪器装置，否则，就会影响实验效果。例如，需要使用恒温箱以控制反应温度，使用不同容量的移液管以保证液体体积的精确。

实际上，每一种实验条件都会对实验结果有一定的影响，最终的结果是各种条件相互作用的综合反映。生物的多样性是任何非生命物质所不能比拟的，每一种生物又有其适应的生活环境，这就决定了研究对象的复杂性。因此在对研究对象进行控制时，要周密地分析影响生物的各种因素，即哪些是主要因素，哪些是次要因素，哪些是无关因素，才能避免不必要的错误发生。很多生物学实验事实上就是对实验条件的研究，因此，有时实验条件本身也就是研究对象。例如，考察光照强度对光合作用的影响，光照强度既是实验条件，又是实验研究的对象，实验的实施过程就是对光照强度的控制。因此，要达到实验目的，得到预期的实验结果，就必须在实验过程中综合考虑多种条件的影响，通过限制、改变实验条件，并运用不同的对比或对照，创造一个最适宜的典型环境或特殊条件。

### （四）分析实验原理

在进行生物学实验时，我们往往注意操作步骤的规范、实施过程的合理，因为这些都是外在的、可见的，而且会直接影响实验的结果，但是，却往往忽视实验原理的分析。事实上，尽管实验原理是隐性的、不可见的、抽象的，却对那些可操作部分起着重要的指导作用，它是整个实验的灵魂。

例如，人教版高中生物学教材选择性必修 1“稳态与调节”模块的实验“模拟生物体维持 pH 稳定”中，对这个实验的原理是这样阐述的：“通过比较自来水、缓冲液和肝匀浆在加入酸或碱后 pH 的变化，推测生物体是如何维持 pH 稳定的。”这就对本实验材料的选择、实验的操作规程、实验结果和实验结论之间存在的联系进行了说明，也做了一定的限定——通过类比推理的方法，根据自来水、缓冲液和生物材料在实验中的表现，来推测生物体在维持 pH 稳定方面与缓冲液的共同之处。人教版高中生物学教材选择性必修 2“生物与环境”模块的“设计制作生态缸，观察其稳定性”中，对实验原理是这样阐述的：“在有限的空间内，依据生态系统原理，将生态系统的基本成分进行组织，构建一个人工微生态系统是可能的。要使人工微生态系统正常运转，在设计时，还要考虑系统内组分及营养级之间的合适比例。应该注意，人工生态系统的稳定性是有条件的，也可能是短暂的。”这样的原理，无疑是设计生态缸的理论基础，也是具体设计时需要考虑的原则。

显然，实验原理是理解实验的基础，离开实验原理的把握，实验的进行将是盲目的。而理解了生物学原理，就可以正确地设计实验方案、恰当地选择实验材料、合理地运用实验装置、严密地控制实验条件、准确地掌握实验操作，最终获得科学的结论；并且，还能对生物学实验结果进行预判和检验，实现知识的迁移。

由于生命本质上是自然界的一部分，生命活动遵循物理和化学规律，同时，又不能完全以物理化学规律来解释生命，因此，生物学实验的原理，有些是生物学原理，如生态系统的能量流动规律；有些是物理学原理，如水势差产生的渗透作用；有些是化学原理，如缓冲液对 pH 变化的缓冲作用等。

### （五）选取好实验材料，准备好实验设备、用具和药剂

前面谈到，实验条件会对实验的效果产生影响，但是，实验条件对研究对象来说毕竟是外因，它要通过研究对象的内因起作用。例如，“绿叶在光下制造有机物”的实验中，如果外界条件都具备，但是，所选用的实验材料不理想，则实验效果也很难有保证。这个实验的材料，必须是具有光合作用生理功能的含有叶绿素的植物（或微生物），只有叶绿素分子才能吸收光能，并激发出高能电子，从而进行能量转换。再者，一般对光合作用产物的检验，是依据淀粉遇到碘变蓝这一原理的，如果植物光合作用产物不积累或很少积累淀粉，实验效果也会不理想。因此，适合做“绿叶在光下制造有机物”实验的材料有天竺葵、秋海棠、锦葵、蜀葵、棉花等植物，因为它们光合作用的产物主要是淀粉；而不适合做该实验的材料的植物有葱、蒜和禾谷类等单子叶植物，因为它们的叶中不积累或很少积累淀粉。

### （六）探讨做中学的几项原则

实验探究活动，是为了让学生在“做”中“学”。要让学生做完每一个探究活动都能有最大的收获，这就要求探究活动是有效的。要保证有效，注意以下几个方面的原则是关键。

情境化原则：“问题”是探究的核心，要让学生更好地提出问题和解决问题，需要有合适的情境。因此，在探究活动之前、活动之中，都要努力调动学生的生活经验，激发、维持他们探究的兴趣，引导他们提出问题，并为他们营造解决问题的情境。在验证性实验的教学中，情境也是理解并应用实验原理的催化剂，是将实验结果和结论迁移应用的载体。

明确性原则：遵循这一原则，意味着任务要基本明确、实验和探究活动的程序要基本清楚。这是因为，学生是在有限的时间内进行实验、探究的，不能像科学家那样去“试错”，因而学生所进行的大多数生物学实验和探究活动，程序应明确、清晰。当然，坚持明确性原则不等于都提供“菜谱式”流程，也不等于不考虑开放性，更不等于教学中不能进行完全开放

的探究活动。

科学性原则：既然是科学实验、科学探究，就应体现科学重视证据、倡导理性的怀疑，以及思维严谨的特征。如果离开科学性，科学实验、探究就失去了灵魂。基于实验的探究活动，其过程就是寻找证据的过程；对这些直接获得的事实证据，以及教材和教师提供的证据进行分析、得出结论，需要注意逻辑上的严谨性；教学过程中，还需要注意引导学生反思与质疑。

可测评原则：及时测评、有效测评，是保证活动有效的重要手段。学生做活动的实效如何，往往与评价是否有效密切相关。遵守这一原则，意味着活动过程和得到的结论应符合科学的基本原则，从而可以进行评价；也意味着在学生进行探究性学习时，教师既要关注探究过程中的形成性评价，又要注意探究结果的终结性评价。

整体性原则：整体性原则包括以下 3 个方面。

（1）活动自身是一个整体。既要重视活动过程，也要重视活动结果。

（2）实验、探究活动与其他相关学习内容是一个整体。实验、探究活动是每个章节教学内容的一部分，它们与其他相关内容是深度嵌合的，共同构成一个整体。

（3）整个的中学生物学课程中，系列化、递进、层次化设计的实验探究等活动是一个整体。实验探究能力对应的是程序性的知识，而程序性知识的形成，需要反复训练、多次体验、综合提高，不可能毕其功于一役。因此，在教材编写和我们的教学实践中，需要安排多侧面的活动，并让这些活动形成合力。基于这些考虑，就需要根据具体内容的要求和现实需求，安排自主程度不同、探究深度不同、探究视角不同的多种活动。学生通过这些活动，获得多方面的体验和收获。

## 二、课堂实验教学行为探讨

### （一）实验过程和结果分析的指导

在实验教学的实施过程中，教师的主导作用可以归纳为“五导”，即讲导、示导、引导（诱导）、指导和疏导。

在实验课开始的时候，教师要稳定学生的情绪，安定课堂纪律。在实验开始前，教师要进行指导性谈话，讲清楚实验目的、内容和要求，阐述清楚实验的方法、主要步骤和安全事项，提出实验时要注意的关键性问题。指导性谈话时间一般不宜太长，因为学生进实验室后，往往急于做实验，教师喋喋不休、不厌其烦地交代这个、交代那个，学生已经听不进去了。但是，必要的指导又是不可不做的，否则许多学生在实验课上，就会照着教科书上的提示，依葫芦画瓢地操作，而缺少对实验原理和实验步骤的深入分析，也缺少对实验结果的讨论。甚至有的学生在实验课上，仅仅是毫无目的地把仪器和材料摆弄一气，把试剂乱加一气。所以，指导性谈话应该择其主要，简明扼要。

那么，教师的指导采取哪种方式合适呢?

在当前的教学实践中，教师一般会采取以下几种方式来进行：录像（动画）指导，教师操作示范，教师与学生一起探讨并实践，以及完全让学生自学并动手。根据经验判断，我们多数人会认为教师示范最好，学生自学并动手最差。但是，有实证研究表明，是录像指导的效果最差，教师与学生一起探讨并实践的效果最好。[1]

当然，我们不能凭着某一项研究就否定录像指导对于帮助学生提升实验操作技能没有价值，但是，我们确实需要改变以往播放录像代替教师示范和学生动手操作的做法。

学生的实验操作，是实验课的中心环节。首先，教师应该保证这部分活动有足够的时间，以确保实验教学目标的达成。其次，在学生进行实验

---

[1] 徐红峰．有效指导与示范对学生生物学动作技能学习的影响：一次实验课改革得到的启示 [J]. 科学教育，2003，9（5）：57-59．

时，教师要巡视指导。巡视过程中，注意学生的动作和谈话所反馈的信息，针对反馈的情况，及时指导；对实验进展不顺利的小组，要及时启发或点拨，尤其需要提醒学生注意安全，对有安全隐患的危险行为，要坚决、及时、妥当地制止。在实验过程中，学生可能会觉得这不是课堂而在思想上很放松，再加上在实验室中非常有新鲜感，因此，往往会做些与实验无关的事情，对此也应予以关注，督促学生集中精力做实验。

得到实验探究结果时，要依据结果得出符合逻辑的结论。课堂观察表明，通过结果得出结论很可能是教师和学生在开展实验探究时的弱项。

我们经常可以看到，在开展科学探究教学时，依据有限的结果就得出宏大的结论。例如，在探究“酒精和烟草浸出液对水蚤心率的影响”后，得出结果“酒精浓度越大，水蚤心率越慢，最后导致水蚤死亡。烟草浸出液浓度越大，水蚤心率越快”。虽然这个实验结果本身客观、准确，是可重复的，但是依据这个结果就得出宏大的结论“吸烟、喝酒会影响人的心脏健康”，却是有问题的。显然，这样的结论与实验结果之间，还缺少很多逻辑链条。

因此，教师需要注意提高自己对实验结果的分析能力，也特别需要注意加强对学生进行结果分析方面的指导。

### （二）学生应通过实验形成良好的行为习惯

1. 形成分析实验原理、熟读实验步骤的习惯

要想学生充分理解实验原理，以及对实验步骤了然于胸，与其教师一再重复，不如学生自己熟读和用心观察。如果学生能认真分析实验原理，掌握实验步骤，那么实验的完成将不再那么艰难。

2. 形成正确使用仪器、设备、药品的习惯

正确使用仪器、设备和药品是顺利完成生物实验的前提条件。在实验过程中要做到操作规范，不是单靠一两节实验操作课，或者几节实验课就能达到的。如果学生自己不能仔细观察，有意识地规范、训练自己，提高自己，上再多实验课也未必能行。因此，要珍惜每次实验操作的机会，争

取每做一次都有收获。

3. 形成认真、如实做好实验记录及反思的习惯

学生在实验中应该养成及时、客观、详细地做好各项记录的习惯，包括每一步操作，操作中出现的问题、现象和结果。通过记录我们才能及时发现实验中出现的问题；通过查找原因，总结经验，才能及时分析对比每次的实验结果，从中发现问题，以便改进或创新方法。[1]

每次实验结束都进行实验反思，能够帮助学生及时发现实验设计和操作中的问题，从错误中学习，也能及时总结成功的经验。

### （三）教师及时总结

实验结束，教师要根据实验教学的目标和实验完成情况，及时并有针对性地进行总结。总结可以包括以下几个方面，但不一定在每一个实验中都面面俱到，更不能泛泛而谈，而是需要根据具体情况在某个方面有所侧重。

指导学生处理实验获得的数据，分析实验结果，总结得出科学的结论，完成知识目标要求。

分析实验设计和实验操作过程中可能存在的问题，提出改进的意见和建议。这方面的总结，也可以采取让实验完成得比较好的小组派代表介绍经验的方式进行。进行这方面的总结，意在使学生在科学探究能力方面有新的提高。

对学生在实验过程中表现出来的科学精神和科学态度，以及实验纪律等方面的情况进行总结。对表现好的小组和表现好的学生可以及时到位地表扬；对实验过程中存在的问题，也要及时指出。有的教师常常说情感态度价值观方面的目标比较空泛，难落实，而如果能让学生在每一节实验课后反思自己所想所行，那么，科学精神就可以在这样渐进的培养过程中沉淀下来，融合为学生科学素养的一部分。

[1] 宋凤艳 . 培养学生良好实验习惯的点滴体会 [J]. 科技创新导报，2010（2）：189.

教师应该设法使学生养成对所做工作进行评估的好习惯。当然，评估的意识也要在除实验探究外的其他教学活动中体现，如评估生命活动过程的阐述是否准确，生物与生物、生物与环境关系的描述是否合理等。与此同时，还应重视探究活动中的交流与合作。这是因为，在现实社会生活、工作学习以及科学研究中，个人之间、团体之间的交流与合作都是十分重要的，这就需要教师在探究教学中注意及时引导。

在学生进行探究活动后，教师应及时分析探究结果，评价探究结论。教师的主要任务就是引导学生收集信息资料，分析加工，归纳总结，找出规律。

在生物学课堂教学中，分析了探究结果并非完成了探究过程，关键是要对整个探究过程中的实验过程和结论进行必要的评价与反思。例如，学生通过探究过程获得哪些启示？整个过程有哪些优点？还存在哪些不足？需要如何改进？等等。对于科学探究的过程来说，这些分析、评价和反思都是十分必要的。实际上，整个生物学课堂教学，始终是一个科学探究的过程。从探究问题的提出与探究假设的形成，到探究计划的制订与探究实验的进行，再到探究结果的分析与探究结论的评价，皆然。

# 第四章

# 生物学课堂教学行为分析的应用

将教学行为分析用于课堂教学研究，或者课堂教学实践，虽然在目前来说有一定难度，但是，我们可以尝试去探索。实际上，只要尝试，就可能有进步；也只有尝试，才有无限的可能。

教学行为分析的应用，主要是两方面，一是课堂执教评价；二是改进教学行为，提高教学效果。实际上，课堂执教评价也是改进教学行为，从而提高教学效果的基础。因此，我们先讨论基于教学行为分析的课堂执教评价和基于实证的课堂执教评价。

## 第一节　基于教学行为分析的课堂执教评价探索

在教学研究中经常涉及对教师课堂执教的评价，即常说的评课。怎样准确地进行评课，是我们经常要面对的问题。将教学行为分析用于生物学课堂执教评价，可以为听课、评课提供实证基础。

### 一、当前常见的评课策略及其问题

目前最常见的评课策略，是依据课堂教学要素，将评价指标分为教学目标、教学内容、教学过程、教学方法、教学效果，分别赋予指标分数[1]。评价标准的确定基本上是采用演绎逻辑，即根据教学理论中所确立的一堂好课的标准，逐步分解指标，形成二级指标和三级指标，最终形成课堂教学评价的指标体系[2]。类似这样的课堂教学评价，为总结推广教学经验以及教师的教学反思起了积极作用。不过，这样的课堂教学评价大都存在如下问题：演绎到最低一级的评价指标依然是定性描述，从而使标准存在模糊性，为准确评价带来困难；标准因缺少实证研究的支持而存在随意性，影响评价的有效性[3]。因此，现有的评课，往往会出现同一堂课不同人的评价大相径庭的现象。正如学者指出的：当前绝大多数的“听评课”往往不是基于信息和“证据”的收集，也没有把评课视作“基于证据的推

[1] 林清华，何恩基．什么是一堂好课？：课堂教学评价标准研究述评 [J]. 中小学管理，2004（6）：23-26.

[2] 刘志军．课堂评价论 [M]. 桂林：广西师范大学出版社，2002：130.

[3] 同 [1].

论”[1]。

在评价的操作方式上，当前评课基本属于“单打独斗”，缺乏合作。常见的是一位评课者在课一结束就即时决断，即便有多位发言者参与评课，也鲜见分工合作，这就使得证据的搜集、使用难以实现。

当前有不少教研部门正在努力使教研不唯经验只唯“实”，让证据发声，使教研从经验走向实证[2]。课堂教学评价的改进方向是基于证据进行评价。

## 二、教师课堂执教评价框架和证据的选择

要让评价基于证据，首先仍要建立能体现有效教学理论的评价框架，同时，要考虑对框架细化后其评价指标可以基于客观的、可观察的证据判断。

### （一）评价框架的确定

评价框架的确立，需要从教学系统的构成、怎样的教是有效的、优质课堂的要素、教科学的有效途径等方面着手，借鉴已有研究成果。

目前的评价标准总体上包括目的论、价值论、要素论（包括教学过程分析、教学行为分析、课堂文化分析等角度）三个方面[3]。米斯（L.R.Meeth）将课堂教学评价指标分为两类，一类指向教学过程，作为媒介指标；一类指向教学结果，作为终极（目的）指标[4]。可见，课堂教学评价应兼顾过程与结果（目的的达成、价值的实现）。

从课堂教学评价的目的是追求优质课堂来看，优质课堂的十大特征值得我们参考：清晰的课堂教学结构、高比例的有效学习时间、促进学习的课堂气氛、教学内容清晰明确、创建意义的师生交流、教学方法多样化、促进学生个体发展、巧妙地安排练习任务、明确的学习成果期望、完备的

[1] 罗清红 . 基于“课堂观察”的听课与评课 [J]. 教育科学论坛，2012（9）：24-26.

[2] 姜新杰 . 迈入实证教研新纪元 [J]. 上海教育，2013（3B）：17-20.

[3] 蔡旻君 . 浅议中小学课堂教学评价标准内容的生成 [J]. 教育测量与评价（理论版），2013（6）：30-35.

[4] 顾泠沅 . 改革最终发生在课堂上：课堂教学评价问题讨论 [J]. 现代教学，2007（Z1）：6-8.

课堂教学环境[1]。

考虑到本书讨论的课堂执教评价指的是教师的教，即使是涉及对学生学习的评价，也是为评价教师的教做参考。因此，评价指标还需要关注以下两个观点。首先是有效的教的10个原理：每日复习、小步子呈现新的学习材料、提问、提供示范、指导学生练习、检查确认学生的理解、获得高成功率、为困难任务提供脚手架、独立练习、每星期每月进行复习[2]。其次是教科学的8条原则：应促进学生的学习，要专注于核心科学思想，要帮助学生加深对科学的理解，要充分考虑学习的复杂性，应有助于学生主动建构科学知识，应将科学内容和发展学生的兴趣相结合，要对所有学生的学习都寄予积极的期望，要注重减轻学生的焦虑[3]。

从课堂观察的角度、方法来看，有学者提出课堂观察的LICC范式，即从学生学习（L）、教师教学（I）、课程性质（C）和课堂文化（C）4个要素，20个视角，68个观察点去观察评价一节课；强调听课者在课堂观察时的分工合作[4]。有学者提出教师课堂执教评价体系，包括“提出本课学习目标”“提供学习内容”“创建学习环境”“激发学习动机”“支持、促进学生的学习”“进行学习评价”6个维度的一级指标，每个一级指标分解为3个二级指标，二级指标再对应21个观察证据[5]。

参考上述研究成果，同时考虑评课实践中的简便易行，本书设计的课堂教学评价的框架包括以下3个方面：教学内容、教学过程、教学效果。上述3个方面再进一步细分为内容的选择、内容的组织、教学流程、教学行为、学习环境、学习体验和目标达成等7个项目。考虑到课堂听课时，达成的教学目标需要依据课堂教学内容、过程来分析，而不能在课一开始就清楚地判断，因此，将教学目标作为教学效果之一来判断。

---

[1] 迈尔．怎样上课才最棒：优质课堂教学的十项特征 [M]. 黄雪媛，马媛，译．上海：华东师范大学出版社，2011：15-106.

[2] ROSENSHINE B. Principles of instruction[M]. St Julien: Imprimeric Villiere, 2010: 8-27.

[3] STAVER J R . Teaching science[M]. Belley: Imprimerie Nouvelle Gonnet, 2007: 8-22.

[4] 崔允漷．论课堂观察 LICC 范式：一种专业的听评课 [J]. 教育研究，2012（5）：79-83.

[5] 丁朝蓬．教师课堂执教评价体系构建：基于有效教学理念与观察证据结合的研究 [J]. 教育研究与实验，2013（3）：50-55.

### （二）确定每一项目评定的具体内容以便利用证据

7 个评价项目依然过于宏观，因此需要予以进一步细化，以便在课堂观察时与直接的证据建立联系。细化情况见表 4-1。

**表 4-1　课堂教学评价表**

| 评价方面 | 评价项目 | 评价内容 | 具体评价指标 |
|---|---|---|---|
| 教学内容 | 内容的选择 | 内容的必要性 | 列出本节课教学内容的要点，判断它们与课程标准要求的密切程度 |
| | | 内容的充分性 | 本节课呈现了足够的教学内容，以满足课程标准的内容要求（记录缺漏） |
| | | 内容的科学性 | 讲授内容中事实陈述清晰、概念原理表述准确、很少出现科学性错误、实验操作规范（记录事实陈述不清晰、概念阐述含糊、科学性错误、实验操作错误的数量） |
| | 内容的组织 | 内容组织的逻辑性 | 教学内容的要点之间具有密切的逻辑关联，呈现先后顺序得当 |
| 教学过程 | 教学流程 | 导入：简要、有趣、恰当 | 简要，在 5 分钟以内（记录导入时长）；<br>有趣，能激发兴趣（观察学生反应）；<br>与学习内容关系密切（判断导入与主体内容的密切程度） |
| | | 教学主体：高效、时间分配合适 | 陈述关键的学习目标，提示学习的重点或难点所在；<br>采取多种途径变换刺激以应对学习低沉期，提高有效学习的时间比例；<br>在教学重点上安排了较充分的时间；<br>统筹安排了全班、小组活动 |
| | | 总结：巩固、提高 | 概括了整节课的关键内容，提炼了学习要点；<br>及时引导学生运用所学知识解决新的问题 |

续表

| 评价方面 | 评价项目 | 评价内容 | 具体评价指标 |
|---|---|---|---|
| 教学过程 | 教学行为 | “教”的行为 | 独白式讲解时间长度，各类型讲解内容的时长（有难度，争取记录）；<br>提问的次数，各层次问题的数量（有难度，争取记录）；<br>对学生回答问题的反馈情况；<br>记录教师对学生活动的指导情况 |
| | | “学”的行为 | 听讲、观看时间长度；<br>回答问题的情况；<br>当众表现、实验操作、阅读等的频次或时间长度；<br>学生与同伴互动的频次、时长 |
| | 学习环境 | 课堂安全、有序、生动 | 教师没有不当行为（如有，记录次数）；<br>学生遵守课堂常规，没有或很少有违反纪律的行为（如有，记录次数和时长）；<br>学生课堂参与程度好，参与课堂的学生人数比例高 |
| 教学效果 | 学习体验 | 有良好的学习体验和成功感 | 采用随机问卷或口头询问方式，了解学生的学习体验和收获 |
| | 目标达成 | 达成教师预设的教学目标，达到课程标准的要求 | 观察学生回答教师所提关键问题的表现情况；<br>参考学习效果检测情况，判断学生是否掌握了本节课的核心内容，是否达到或超过教材相应章节教学目标 |

## 三、证据的搜集和使用方法

课堂教学评价的证据，需要从以下 3 个方面来考虑：文本分析的证据、教学行为分析的证据、学生学习体验和学习结果检测的证据。教学内容评价主要依据文本分析的证据；教学过程评价主要依据教学行为分析的证据，同时需结合文本分析进行；教学效果评价主要依据调查、询问和检测的证据。

### （一）文本分析的证据

列出教师所讲授内容的要点，进行文本分析，对表 4-1 所列具体指标做出判断，判定内容的适切性、科学性、逻辑性。

### （二）教学行为分析的证据

教学过程是教师引起、维持以及促进学生学习的所有行为[1]。教学行为本身就是教学活动的实现单位，教学活动由一系列有目的的教学行为组成[2]。可见，教学行为是课堂结构的“细胞”，因此，量化分析教学行为是课堂教学评价的重要证据。

首先，要记录导入、教学主体、总结所占时间，依据表 4-1 所列具体指标对教学流程做出评判。

其次，尽量详细地记录课堂里具体的教与学的行为。

为了研究的便利，我们把课堂里发生的教学行为分为“教”和“学”的行为，然后进一步细化。根据行为的自主性程度差异，把教的行为分为发起的行为、观察的行为、应答的行为；学的行为分成接受的行为、产生的行为。此外，把课堂里与教学无关的行为，分别列为不当行为（教）、与任务无关的行为（学）。同样，教与学的行为还要进一步细化[3]。见表 4-2、表 4-3。

**表 4-2　教师教的行为分解**

<table>
<tr><td>行为类型</td><td colspan="12">发起的行为</td><td colspan="2">观察的行为</td><td colspan="4">应答的行为</td><td>不当行为</td></tr>
<tr><td rowspan="2">行为名称</td><td colspan="6">讲解</td><td colspan="4">提问</td><td rowspan="2">组织教学</td><td rowspan="2">纪律管理</td><td colspan="2">观察与倾听</td><td colspan="4">反馈指导</td><td rowspan="2">不当行为</td></tr>
<tr><td>现象</td><td>原理</td><td>评述</td><td>科学方法</td><td>学习目的</td><td>情感</td><td>复习与练习</td><td>事实性问题</td><td>理解性问题</td><td>群体性问题</td><td>一般</td><td>个别</td><td>无反馈</td><td>简单反馈</td><td>启发性反馈</td><td>个别指导</td></tr>
</table>

[1] 柳夕浪．课堂教学临床指导 [M].3 版．北京：人民教育出版社，2011：4.

[2] 李松林．论教学研究中的教学行为分析方法 [J]. 首都师范大学学报（社会科学版），2005（1）：109-113.

[3] 谭永平，李金花．新课改后中学生物公开课教与学的行为分析 [J]. 课程・教材・教法，2013，33（4）：71-74，54.

**表 4-3　学生学习行为分解**

| 行为类型 | 接受的行为 | | 产生的行为 | | | | | | 与任务无关的行为 |
|---|---|---|---|---|---|---|---|---|---|
| 行为名称 | 听讲与观看 | 阅读 | 个别回答问题 | 主动提问 | 分组讨论 | 当众表现 | 操作活动 | 其他学习活动 | 与任务无关的行为 |

教师在课堂里的行为，占时间最多的是独白式讲解和提问、反馈。教师的独白式讲解，包括现象、原理、评述、科学方法、学习目的、情感、复习与练习等内容。当进行课堂观察时，完全精细、准确地对讲解的知识内容做区分有一定难度，因此，将上述讲解的内容类别精简为讲解知识、讲解科学方法、情感态度价值观渗透、练习与复习、学习目的等项目。教师提的问题分为3类：事实性问题、理解性问题、群体性问题。事实性问题指的是简单的事实判断、陈述类的问题；理解性问题是需要运用概念进行推理才能回答的问题；群体性问题是关于学生的意愿、主观认识或感受、事实情况的问题，学生总是集体回答，且非常简短，如回答“是”“没有”“好”“愿意”。教师对学生的回答有3种反馈情况：无反馈，简单反馈（只是告知学生的发言或操作正确与否，或直接告诉学生正确答案），启发性反馈。启发性反馈包括教师进一步追问，使学生对问题的理解更准确或更深入；对学生的回答进行提升，对学生的发言进行评述引申等。见表4-4。

**表 4-4　教师教的行为记录表**

| 课堂时间进程 | 讲解 | | | | | 提问数量 | | | 反馈情况 | | | 其他 |
|---|---|---|---|---|---|---|---|---|---|---|---|---|
| | 知识 | 科学方法 | 情感态度价值观渗透 | 练习与复习 | 学习目的 | 事实性问题 | 理解性问题 | 群体问题 | 无反馈 | 简单反馈 | 启发性反馈 | |
| 第 1 分钟 | | | | | | | | | | | | |
| 第 2 分钟 | | | | | | | | | | | | |
| 第 3 分钟 | | | | | | | | | | | | |
| …… | | | | | | | | | | | | |

注：在某时间段出现的行为一栏画线（在提问数量、反馈情况栏出现多次的行为，每出现一次画一条）。如表格中没有相关行为类型，则在“其他”栏注明。

同理，可设计类似的表格记录学生的学习行为。见表 4-5。

**表 4-5　学生学的行为记录表**

| 课堂时间进程 | 学习行为 | | | | | | | 其他 |
|---|---|---|---|---|---|---|---|---|
| | 听讲与观看 | 阅读 | 个别回答问题 | 主动提问 | 分组讨论 | 当众表现 | 操作活动 | |
| 第 1 分钟 | | | | | | | | |
| 第 2 分钟 | | | | | | | | |
| 第 3 分钟 | | | | | | | | |
| …… | | | | | | | | |

注：将全班学生作为一个整体来记录，在某时间段出现的行为一栏画“√”，如表格中没有相关行为类型，则在“其他”栏注明。

如果是用录像课进行研究，可以更精确地对各类行为进行量化，具体可参考前述的“教学行为的实证研究案例”一节。

### （三）学生学习体验和学习结果检测的证据

分层取样（抽取学优生 2 名、中等生 3 名、学困生 2 名，下同），进行调查或询问，了解他们的课堂学习体验。

教学目标达到的程度，依据课堂观察的情况来判断，而不是完全采纳教师的陈述。课堂观察学生在回答本节课核心内容有关问题时的表现，观察总结学生的掌握情况。

利用专门设计的核心内容检测题，结合教科书上的习题进行检测，分层抽查学生来检测学习结果，获得核心学习目标达成情况的证据。

## 四、评课操作模式

如果是现场课后即时进行评议，则组成评议组，采取分工合作的形式。设主评 1 人，辅评 4 人。

主评负责整合全组的评议结果。同时，在听课过程中，负责记录、分析课的整体流程，包括导入、主体教学内容、复习总结等，记录并分析教学内容选择、教学内容呈现的逻辑。记录全班活动和小组活动的时间安排。记录教学生成、教学智慧，提炼教学特色。

辅评 4 人，其中 3 人记录行为，分别侧重观察教师的讲解，观察师生互动（问、答、反馈），观察学生，3 人（A、B、C）观察的内容允许部分重叠交叉。第 4 人担任计时员，每隔一分钟报时一次。

A 观察教师的讲解，记录教师的讲解内容。

B 观察记录师生的问答对话，包括提问次数和各类型问题（事实性问题、理解性问题、群体性问题）的数量，学生回答情况（尤其关注本节课核心问题回答的情况），教师反馈情况（无反馈、简单反馈、启发性反馈）。

C 观察学生的学习，记录学生的学习行为。记录学生的学习投入情况、参与课堂的学生人数比例，负责抽样调查、询问和学习效果检测。

评议组将全部证据收集，由主评整理后形成评价报告。如果是录像课的评议，则可以由一位评议人员分别收集上述数据，最后汇总形成评价报告。

以上所讨论的，是结合教学行为、实证方法开展课堂执教评价的一种方式。这种执教评价，跟我们所熟知的听课后点评的方式比，要复杂不少。以往的评课，往往是某一个权威者在课后根据个人经验对教师的教做出赏析和评鉴。首先，我们要肯定，以往的听课和评课，确实有优秀的专家能在评课时做到非常高的水平。例如，朱正威老师在全国学术年会和其他各种学术会议上的评课，几乎每次都是万众期待的节目。朱老师听完现场公开课后即做点评，提炼优点、指出亮点，也摆出问题，不但能说出大家想到的，也能说出大家没有想到的；点评中有激情、有理性。经过这样点评之后，公开课的观摩作用就发挥得很好。然而，大多数专家对公开课的点评，难以达到那样的高度。

基于证据的课堂执教评价，需要有行为数据的收集和统计，需要有小组合作来获取证据。而证据的收集和统计，是执教评价的基础工作。没有证据、没有数据，评价将陷入凭个人感觉主观评价的套路里。

见识了众多的听课和评课，听到许多评课会上专家的“我觉得”“我认为”，却没有基于证据而是基于个人经验，笔者坚定地认为，基于证据而对执教进行评价，无论有多艰难，我们都应该去尝试。

## 第二节　基于教学行为分析的课堂教学改进探索

教学行为分析可以帮助我们改进课堂教学行为。在我们开展课堂教学行为实验研究时已经证明，教师的讲解、提问等行为，都可以通过分析、反思而改进。笔者在课堂教学行为的实验研究中发现，通过几次分析、反馈，教师在提问数量、反馈质量等方面都有明显的改观。

需要注意的是，课堂教学行为，都承载着育人目标。因此，探讨教学行为的改进时，不能简单地通过分析行为类型、行为数量、行为先后关系等来判断其育人作用实现情况。并且，讲解、提问、反馈、指导等教的行为，一定是在与学生的听讲、回答、讨论等学习行为互动的“行为场”中起作用的。因此，本节我们关于教学行为分析与改进的讨论，不再单独分析提问、讲解等教的行为如何通过分析而改进，而是以具体教学片段中教学行为背后所蕴含的行为意义、存在的问题作为分析对象，关注在教学现场里如何改进行为的育人功能。

以下我们分别从提问—反馈、讲解、实验探究指导、学生讨论等方面来展开讨论。

### 一、基于行为分析改进提问—反馈

#### （一）原始提问—回答情况

关于对提问数量等方面的分析促进提问行为改进，在前述的例子里已经涉及。本节不再就这些方面展开，而是侧重在如何创设问题情境，如何把握问题难度等方面来举例讨论。

**问题一**　问题情境为什么不能吸引学生的注意力？

**案例一**　人教版生物学教材八年级上册有一个探究实验“鸟适于飞行的形态结构特点”，课上教师为学生准备了活家鸽和飞机模型。在教学引入环节，教师计划利用飞机模型创设问题情境，讲述人们实现飞行渴望的发展历史，来激发学生的探究热情。通过设置问题“人类最终借助飞机实现了飞行的渴望。飞机能飞行的奥秘是什么？”期待学生通过生活经验的交流，得出“空中飞行必须解决的三个力的问题：克服重力、减少阻力、提供持久动力”，再对学生思维活动进行积极引导。接着，再指出飞机是鸟的仿生学产物。飞机飞行的奥秘实质就是鸟的飞行奥秘。然后，提出问题：“鸟在形态结构和生理功能上有哪些特点适于飞行？”从而引出问题。

在实际教学过程中，教师发现，通过飞机模型、基于飞机模型的问题引入，不能吸引学生的注意力。这是为什么呢？

**问题二**　为什么学生不能完整清晰地陈述问题答案？

**案例二**　在讲授血液循环的途径时，教师先提出问题：“肠炎患者在手臂输液，药物所经的途径是什么？”然后让学生自学书上的血液循环图，学案和黑板上提供了人的心脏和肺的图片。

教师发现，大部分学生不知所措，写出的途径五花八门。课堂上学生议论纷纷，教师忙于奔走在各小组之间进行解释和指导。最后，教师迫于压力，只顾指导在黑板上划出血液循环途径的一名同学，而且时间用了 5 分钟。其他小组的情况可想而知。

为什么学生不能完整地呈现路径图？

### （二）基于行为分析后的改进情况

1. 转换问题情境，激发学生思考问题的兴趣

仔细观察案例一发现，学生的兴奋点根本不在“死物”飞机模型上。学生面对实验桌上活蹦乱跳的家鸽，十分兴奋，注意力全都集中在“活物”家鸽身上。此时，再漂亮的飞机模型，再精彩的导入都会黯然失色。

于是，教师改变策略，省略了由飞机模型引入课题这一环节。让学生观察家鸽的形态结构，思考：家鸽的形态结构是如何与飞行生活相适应的？问题提出后，一下子放飞了学生的思维，学生的思维非常活跃，观察也很仔细，他们提出：鸟的翅膀能扇动空气；流线型的身体，可减少空气的阻力……

案例一说明，提问时应该找到学生的思维兴奋点，根据学生的思维兴奋点来发问。案例一里，学生的思维兴奋点在“活物”而非“死物”身上。“活物”对学生的吸引力比“死物”大。教学中要充分利用“活物”使学生的感知更加生动、形象和具体，避免将生物课讲成“死物”课。

2. 教师的设问要基于学生的起点能力

案例二中，教师为学生营造了一个宽松自由的学习环境，放手让学生去探索、合作与交流，但不难发现，由于提出的问题超出了学生的认知发展水平，绝大多数学生只是流于形式地自主探索，这种学习方式对于学生的思维发展并没有带来多大帮助，只是在浪费时间，这种形式上的课堂演绎只会使课堂徒有其表地热闹。

教师不能过高地估计学生的能力，提问必须在学生已有经验的基础上，适时、适度、适量地展开，只有这样，才能使学生的思维产生“共振”。在本案例中，血液循环的途径相当抽象，既是教学的重点又是难点。虽然提出了主问题：“肠炎患者在手臂输液，药物所经的途径是什么？”但是，这个问题显然是非常大的问题，因此，有必要将主问题分解成几个能够引起学生思维共鸣的次级小问题。比如，药物从手臂到达心脏的路径是什么？药物从心脏到达肺的路径是什么？药物从肺到达小肠的路径是什么？接下来，在学生理解的基础上让学生归纳药物到达小肠的途径。这样教学才能使学生对血液循环的途径理解得更加透彻。从提供的支撑材料来说，为了帮助学生理解完整的血液循环过程，也可先将教材上的血液循环图分成肺循环图和体循环图两部分，分别呈现给学生，从而降低难度。

案例二给我们的提示是：问题要基于学生知识起点能力（认知结构），考虑学生现有的知识结构，并提供解决问题的材料支架；在解决问题的过程中，对于难度较大的问题，可以分解为一系列的子问题，利用这些子问题作为脚手架，将大问题分解为可以解决的一个个的具体问题，从而使得学生能够顺利完成，促进学生新知识的建构。

## 二、基于行为分析改进讲解

### （一）讲解时及时利用学生的兴奋点、迷惑点

**问题**　为什么在讲解到某一内容时学生就交头接耳？

**案例一**　“输血和血型”是义务教育阶段初中生物学的一节教学内容，其中输血原则是学生应该具备的生活常识。教师在讲完根据红细胞上的凝集原不同，将血型分为 A 型、B 型、AB 型和 O 型时，学生便开始交头接

耳，课堂秩序大乱。在介绍完血型研究的历史之后，开始讲解输血原则。此时，学生再次兴奋，又开始交头接耳。为什么在教师讲到某些内容时学生会交头接耳？

仔细观察发现，学生第一次出现交头接耳的时候，他们的兴奋点根本不在输血原则上，而是关心周围其他同学是什么血型。教师干脆因势利导，在全班进行了一次血型调查，并将调查数据记录在黑板上。这样变课下学生交头接耳的调查为课上调查。调查结束后提出一个问题："你们是怎么知道自己的血型的？"此问题对学生思维活动进行了引导。由于多数学生有化验血液的经历，很多学生回答是通过化验血液知道血型的。接着，教师话锋一转，指出血型的发现可没有他们想的这么简单，是用生命的代价换来的，然后引入奥地利科学家卡尔·兰德斯坦纳对于血型的研究等相关历史资料，让学生感受科学研究的过程和思维方法。

在介绍完血型研究的历史资料之后，开始讲解输血原则。此时，学生再次兴奋，又开始交头接耳地说话。仔细观察发现，学生的兴奋点在于彼此间能否输血。于是，教师调整策略，采取小组讨论的学习方式，请各小组根据输血原则讨论：小组成员之间能否输血？利用学生的思维兴奋点，组织学生讨论，学生不仅明确了输血的原则，而且也产生了足够的兴趣。

这个例子给我们的启示是，内容的讲解要基于学生的学习进展情况而及时调整，及时利用学生的兴奋点，将讲解、提问、讨论的教学方式结合，基于学生的已有经验和当前学习进展而生成课堂。

**案例二**　在介绍"线形动物和环节动物"这节内容时，刚介绍完线形动物的主要特征是"身体细长，呈圆柱形"，接着介绍环节动物的主要特征是"身体呈圆筒形"时，学生开始交头接耳，课堂秩序大乱。那么，学生为什么交头接耳？

通过仔细观察，教师发现学生的思维兴奋点在"圆筒形"和"圆柱形"有什么区别上，而没在动物的主要特征上。

于是，教师因势利导，根据学生的思维兴奋点提出问题："为什么线形动物的特征用'圆筒形'表示，而环节动物的特征用'圆柱形'表示？"这样将不符合课堂纪律的议论转变为符合课堂纪律的交流讨论。

教师的问题一出，很多学生跃跃欲试想回答。但是，多数学生的回答内容是针对“圆筒形”和“圆柱形”的字面意思不同来分析的。鉴于此，教师又提出一个问题：“蛔虫和蚯蚓的结构有什么不同？”此问题为学生的思维活动指明了方向。经讨论交流，多数学生都认同是因为结构不同才用词不同。其实，线形动物是假体腔，而环节动物是真体腔，它们身体结构是不一样的。由于这部分内容不要求学生掌握，所以，在文字表述时要体现两者的不同，在具体用词方面用“圆筒形”和“圆柱形”体现了两者的不同。

这个例子给我们的启示是，讲解时及时发现学生疑惑点，抓住学生存在的疑惑来设问，可以促进学生对概念的深刻理解。

### （二）利用讲解转变顽固的前概念

**案例一** 在学习“酸雨”这个概念时，学生头脑中已有的前概念非常顽固，认为“酸雨就是酸性的雨水”“酸雨是 pH 小于 7 的雨水”“雪、冰、雹等的 pH 为中性”。其实，酸雨的 pH 值是小于 5.6 的，而且酸雨不仅包括液态水，还包括固态水（如冰、雹、雪等）。在上课时，教师通过讲解的方式，向学生反复强调酸雨的 pH 值小于 5.6，可是，过一段时间，学生并没有转变其前概念。分析原因：一是没弄清酸雨概念的内涵，即认为呈酸性的雨都是酸雨；二是缩小了酸雨概念的外延，即酸雨限定在雨，不包括雪、霜、雹等。那么，为什么学生的前概念如此顽固？如何转变学生这些前概念？

**案例二** 在学习酵母菌时，学生已有的前概念为“酵母菌的生殖方式只有出芽生殖”，没有将“真菌可以通过产生大量的孢子来繁殖后代”与酵母菌建立联系。分析这个前概念产生的原因，可能是学生学习过程中没有关注酵母菌的概念，即“酵母菌是一类以出芽为主要繁殖方式的单细胞真菌”。

1. 通过呈现实验证据引发认知冲突转变前概念

案例一中有关“酸雨”前概念的转变过程如下：

大家知道，我们周围的物质有些是酸性的，有些是碱性的，还有些是中性的。请大家观看屏幕。你们知道屏幕上这四种物质是酸性、碱性还是中性的吗?

生 1：我们喝自来水没有味道，它可能是中性的；柠檬汁有酸味，是酸性的；苏打水，略涩，是碱性的；雪是水蒸气形成的，是中性的。

师：这位同学是根据生活常识来推测的，他的推测正确吗？用什么方法来检测？

生齐答：用 pH 试纸检测。

师：测定酸碱度最简单的方法就是使用 pH 试纸。这是 pH 试纸。这是比色卡，上面的阿拉伯数字代表 pH 值。pH 值是描述物质酸碱度的指标。常温下它的范围在 0 ～ 14 之间。pH 值等于 7 的物质是中性的；pH 值小于 7 的物质是酸性的，pH 值越小，物质的酸性越强；pH 值大于 7 的物质是碱性的，pH 值越大的物质碱性就越强。下面我们来看看同学们用 pH 试纸检测的结果。

自来水的 pH 值是 7，中性。柠檬汁的 pH 值在 3 左右，酸性。苏打水的 pH 值在 7 ～ 8 之间，弱碱性。雪的 pH 值在 5.5 ～ 6 之间，弱酸性。我们知道，雪是水蒸气形成的，它为什么变成弱酸性了？

原来，在正常情况下，大气中含有一定量的二氧化碳，降水时二氧化碳溶解在水中，形成酸性很弱的碳酸，pH 值约为 5.6 ～ 5.7。我们将 pH 值小于 5.6 的降水（包括雨、雪、霜、雾、雹等）统称为酸雨。酸雨主要是人为地向大气中排放大量的酸性物质造成的。工厂燃烧含硫量高的煤，机动车排放的尾气等，都有可能导致酸雨的形成。酸雨的主要成分为水、硫酸和硝酸。

由于教师利用实验结果创设了一个认知冲突的情境，使学生原有的认知与新知之间产生了冲突，这个冲突为学生修正和重建科学概念搭建了支架，提供了学习的动力。

2. 通过对比分析转变前概念

案例二中，改进之后的教学，将水螅的生殖、马铃薯的生殖进行对比分析。通过对比，学生辨析了出芽生殖是酵母菌的主要繁殖方式，但酵母菌还有另一种生殖方式，即孢子生殖。在条件恶劣时，产生孢子，由孢子发育成新个体。同理，水螅的生殖也是如此，在条件适宜时的生殖方式为出芽生殖，在条件不适宜时的生殖方式为有性生殖。

在学习出芽生殖的概念之前，学生在生活中所形成的关于芽的概念——芽就是植物的芽。植物的芽是植物茎上某些细胞分化产生的器官，是植物体的一部分，而不是完整的植株。由于日常概念的干扰，学生大多会认为利用马铃薯的芽眼繁殖新个体属于出芽生殖。其实出芽生殖中的芽指的是芽体，芽体是某些生物，如水螅、酵母菌，在适宜的环境条件下，由母体一定部位产生的，与母体的形态结构均相同的新个体，脱落后即可独立生活，因此，利用马铃薯的芽眼繁殖新个体不属于出芽生殖。

## 三、基于行为分析改进实验探究指导

### （一）提前发现实验梗阻点，让学生学会自主思考解决疑难

**案例** 在观察草履虫的实验课上，经常看到教师穿梭于学生中间繁忙的身影，他们在忙碌地为学生解答问题，甚至亲自帮助学生调试显微镜。显然，教师已成为一名“救火者”。为什么教师会成为一名“救火者”？观察这样的课堂发现，教师对学生实验前的指导效果不佳。教师讲解实验方法和注意事项只是纸上谈兵，没有展示具体实物与操作，致使课前指导不到位。那么，教师如何摆脱“救火者”的角色呢？

根据多年的观察和学情分析，笔者认为学生第一次在显微镜下观察微小的生物的难度集中在两个方面。一是草履虫游得太快，不容易观察；二是视野的亮度和焦距的调节难度较大。笔者课前将实验中经常出现的问题录像，课上播放时引导学生分析原因，提出解决问题的方法。比如，在解决草履虫游动太快，不易观察这个难点时，笔者先展示一段事先录制的草履虫自由游动的录像，请同学们观察并说出草履虫的结构。学生发现草履虫游动得太快，根本无法观察到草履虫的结构。那么，如何解决这个问题？学生的思维被激发后提出了各种各样的解决办法，有的同学提出用胶水或者将草履虫放到冰箱的冷藏室里面来降低草履虫的游动速度；还有的同学提出用头发丝或者棉花纤维来限制草履虫的游动范围。在解决调节焦距这

个难点时，笔者展示了草履虫有时清晰、有时不清晰的录像。此时引导学生分析其原因，使学生感知到由于载玻片上滴加的培养液过多，草履虫游动过程中引起焦距发生变化，致使观察时出现时而清晰时而不清晰的现象。

在实验教学中，教师总是试图为学生的探究扫清各种障碍，手把手地教学生解决所有的问题。然而，在实验指导中，手把手的教授是不够的，必须要有思维的参与。这个案例中，解决问题的方法不是教师告诉学生的，而是教师引导学生提出来的。在整个实验过程中，教师的角色是真正的指导者、组织者和参与者。

可见，教学中只有激活学生的思维兴奋点，使学生自觉地进入学习状态、自主地解决问题，才能提高实验教学效益。

### （二）重视实验中发现的问题，在真实情境中体验探究的意义

**案例**　人教版生物学教材八年级上册“探究蚂蚁的通讯行为”。一开始，笔者带领学生到圆明园内抓蚂蚁，让学生回家饲养，观察蚂蚁的通讯行为。很多学生做了多次尝试，甚至架设照相机，也很少看到蚂蚁的通讯行为。显然，探究出现了问题。

分析出现问题的原因，我们发现：抓来的蚂蚁虽然是一窝的，但常常只能抓到工蚁，缺少蚁后。没有蚁后，工蚁遇到食物只会自己取食，很少去告诉同伴一起搬运食物，因此，很难看到搬运食物的队伍。基于以上分析，笔者将在学校或家里饲养一窝蚂蚁，改为到校园的大树下找到蚂蚁窝，然后在自然环境下进行探究活动。自然环境下的蚂蚁不会受到环境改变后的影响，增强了探究活动的效果。

学生在探究活动中还发现一个有趣的现象：蚂蚁在搬运食物一段时间后，前面的蚂蚁与后面的蚂蚁调换了位置，学生对此感到非常疑惑，提出：“为什么蚂蚁搬运食物时会调换位置？”这样，就激发了他们进一步探究的欲望。

开展探究时遇到问题并不可怕，问题很可能就是探究的财富。分析探究过程中遇到的问题，学生可以感悟探究不但能解决真实世界存在的问题，还能发现新问题，从而更能体会探究的价值。

## 四、基于行为分析改进学生讨论

学生听讲、思考的过程是完全内隐的，难以通过直接的观察分析来改进，学生讨论则是可以通过观察来分析和改进的。以下就以学生的讨论为例，来探讨学习行为分析与改进。

### （一）利用讨论过程提高问题意识

这里，我们结合“人类对细菌和真菌的利用”两次教学情况，探讨通过讨论提高问题意识，促进思维深化。“人类对细菌和真菌的利用”是人教版生物学教材八年级上册第五单元“生物圈中的其他生物”第四章“细菌和真菌”中的第五节内容。本节通过人类在食品制作、食品保存、疾病预防、环境保护等方面对细菌和真菌的利用，说明细菌和真菌与人类生活有着密切的关系。

1. 第一次教学

课上，教师让学生列举食品保存的方法。学生列举了许多熟悉的日常生活中食品保存方法，如冷藏、加防腐剂、高温灭菌等。之后，教师让学生分小组观察一些食品包装袋，讨论保存食品的方法。在讨论时，学生按照食品包装袋上的保存说明介绍得头头是道，比如，哪些是真空保存，哪些是巴氏灭菌保存，哪些是脱水保存等。从而引入了课题——细菌、真菌与食品的保存。引入新课后，教师分别介绍这些食品保存方法所蕴含的原理。

应该说，课堂教学的进行是水到渠成的。然而，我们站在学生的角度来分析，学生在发现问题的同时进行有效思考了吗？学生的创造性思维得到发展了吗？学生只是了解已有的食品保存方法，并分析了食品保存的原理，并没有从中发现问题、提出问题，提出新的食品保存的方法。可见，这样的教学设计仅仅是为了课堂的顺利“演进”，而忽视了学生思维的发展、问题意识的培养。

2. 第二次教学

考虑学生已经学习了细菌和真菌的分布以及细菌和真菌在自然界中的作用，了解了细菌、真菌的生存需要一定的条件，如水分、适宜的温度、有机物等；了解了面包发霉、橘子发霉等食品腐败的原因，因此，课上教师让学生先讨论食品腐败的原因，再讨论食品保存的方法，从而激发学生的问题意识和发散思维。由于学生对食品腐败的原因和食品保存的方法的认识是零散的、感性的，学生的回答暴露了学生原有的知识结构，如学生能够说出冷藏有利于食品的保存，但不能完整地解释冷藏保存食品的原理。教师针对学生的前概念，引导学生进一步讨论，从而使学生真正理解食品保存的原理，并提出多种食品保存方法。讨论过程中，学生处在一种全开放的环境之下，无拘无束，主动求知，激活了创造性思维。

### （二）利用讨论引导学生从说出生命现象深入到分析内在机理

在“探究鸡的绕道取食实验”的探究活动中，实验组成员意外地发现了一个问题：鸡走到一个固定的位置便不走了。于是教师引导学生就此问题展开了如下的讨论。

师：为什么鸡每次走到那儿就不走了？这种行为是先天性行为，还是学习行为？

生：由于绳子扯腿，鸡每次走到固定的位置就走不动了，所以没有绳子扯腿时，它也不走了。这种行为属于学习行为。

师：学习行为有很多种，这是其中的一种，称为习惯化行为。

此案例学生的讨论，只是陈述了观察到的现象，而没有深入探讨现象背后的生物学原理。

教学中，教师通过设置几个问题，促使学生的讨论走向深入。

师：你们怎样使鸡解除这种习惯化行为？

生 1：驱赶它。

师：谁还有其他的方法？

生 2：我知道鸟类用路标记忆，可能鸡对那个位置的路标产生了记忆。路标一出现，它就放弃了走路（习惯化）。所以，要把路标换了，可以在那个固定位置铺上纸盒。刺激没有了，习惯化行为就会解除了。

师：这个实验对你们有什么启发吗？

生 3：我想到了跳蚤的实验。本来跳蚤是能够跳出杯子的，但在它数次撞击盖子后，尽管拿掉盖子，它也不会跳出杯子，因为跳蚤适应这种情况了。我们在学习时也会经历挫折和失败，但我们不要放弃，要坚定自己的信念，继续努力。

在这一段对话里，教师通过设置问题，引导学生从生命现象的表象，深入表象背后的生物学原理，并运用原理来解释原来的困惑，还迁移到自己的学习生活之中。

# ○ 参考文献 ○


[1] 蔡德诚 . 让科学理性的光芒普照 [J]. 科学对社会的影响(中文版)，1999（2）：17-18.

[2] 蔡旻君 . 浅议中小学课堂教学评价标准内容的生成 [J]. 教育测量与评价（理论版），2013（6）：30-35.

[3] 曹培杰 . 一堂好课的内涵、特征及核心要素 [J]. 今日教育，2015（12）：32-35.

[4] 程胜，郑金洲 . 课堂教学交往中的虚假与真实 [J]. 教育科学研究，2002（6）：10-13.

[5] 程光泉 . 好课无标准 [J]. 教育科学论坛，2008（3）：41-42.

[6] 陈向明 . 质的研究方法与社会科学研究 [M]. 北京：教育科学出版社，2000.

[7] 陈一中，李国亮，朱丽萍.中小学生课堂主动学习行为时间参数研究：以获奖课例为样本[J].上海教育科研，2018（3）：42-45.

[8] 丛立新.讲授法的合理与合法[J].教育研究，2008（7）：64-72.

[9] 崔允漷 . 论课堂观察 LICC 范式：一种专业的听评课 [J]. 教育研究，2012（5）：79-83.

[10] 崔允漷 . 有效教学 [M]. 上海：华东师范大学出版社，2009.

[11] 丁朝蓬 . 教师课堂执教评价体系构建：基于有效教学

理念与观察证据结合的研究 [J]. 教育研究与实验，2013（3）：50-55.

[12] 段作章 . 论教学行为的内涵与特点 [J]. 教育科学研究，2015（2）：27-31.

[13] 冯韵 . 高效生物课堂的教师语言研究 [D]. 重庆：重庆师范大学，2015.

[14] 傅道春 . 教学行为的原理与技术 [M]. 北京：教育科学出版社，2001.

[15] 傅海洋，侯占存 . “满堂灌”缘何成了“满堂问”？ [N]. 文汇报，2008-11-03（12）.

[16] 高向斌.对一堂好课标准的调查研究[J].上海教育科研，2006（8）：64-66.

[17] 高艳，王坦 . 谈现代教学提问存在的问题及其科学设计 [J]. 山东教育科研，1995（6）：26-28.

[18] 顾泠沅 . 改革最终发生在课堂上：课堂教学评价问题讨论 [J]. 现代教学，2007（Z1）：6-8.

[19] 黄皓 . 也谈一堂好课的基本特点 [J]. 物理教师，2014，35（10）：23-25，28.

[20] 黄显华，霍秉坤，徐慧璇.现代学习与教学论：性质、关系和研究：第3卷[M]. 北京：人民教育出版社，2014.

[21] 姜新杰 . 迈入实证教研新纪元 [J]. 上海教育，2013（3B）：17-20.

[22] 李松林 . 论教学研究中的教学行为分析方法 [J]. 首都师范大学学报 ( 社会科学版 )，2005（1）：109-113.

[23] 梁亚平，王汉文 . 从学习行为的差异性看高中生课堂表现的考评 [J]. 课程教学研究，2014（10）：83-86.

[24] 林清华，何恩基 . 什么是一堂好课？：课堂教学评价标准研究述评 [J]. 中小学管理，2004（6）：23-26.

[25] 柳夕浪 . 课堂教学临床指导 [M]. 3 版 . 北京：人民教育出版社，2011.

[26] 刘志军 . 课堂评价论 [M]. 桂林：广西师范大学出版社，2002.

[27] 龙成志，刘志梅 . 学习动机对自主学习行为的影响：以学习能力为中介 [J]. 应用心理学，2016，22（3），203-210.

[28] 罗清红 . 基于“课堂观察”的听课与评课 [J]. 教育科学论坛，2012（9）：24-26.

[29] 吕晓，何叶 . 有效教学的两个问题链 [J]. 教育导刊 ( 上半月 )，2011（4）：13-16.

[30] 吕宪军，王延玲 . 构建基于目标的教师课堂有效教学行为评价标准 [J]. 现代中小学教育，2013（8）：77-79.

[31] 马连波 . 高中生物课堂教学评价标准的探究：从教师和学生的视角 [D]. 长春：东北师范大学，2012.

[32] 明轩 . 国外课堂教学技巧研究之二　小组讨论活动的组织技巧 [J]. 外国中小学教育，1999（5）：27-31.

[33] 欧阳钟仁 . 科学教育概论 [M]. 台北：五南图书出版有限公司，1987.

[34] 裴娣娜 . 教学论 [M]. 北京：教育科学出版社，2007.

[35] 皮连生 . 学与教的心理学 [M]. 2 版 . 上海：华东师范大学出版社，1997.

[36] 邵宗舆 . 关于评价一堂好课根本标准的初步认识 [J]. 石家庄师范专科学校学报，2000，2（1）：86-88.

[37] 施良方，崔允漷 . 教学理论：课堂教学的原理、策略与研究 [M]. 上海：华东师范大学出版社，1999.

[38] 宋凤艳．培养学生良好实验习惯的点滴体会 [J]. 科技创新导报，2010（2）：189.

[39] 石鸥 . 教学病理学 [M]. 长沙：湖南教育出版社，1999.

[40] 苏富忠 . 经验分类、形式分类与具体分类 [J]. 济南大学学报，1994，4（4）：17-22.

[41] 唐松林 . 教师行为研究 [M]. 长沙：湖南师范大学出版社，2002.

[42] 王光明，王合义 . 运用建构主义观点探讨一堂好课的标准 [J]. 中国教育学刊，2000（2）：59-60.

[43] 王桔红，马瑞君 . 新课程背景下粤东地区高中生物实验教学现状调查与思考 [J]. 教育与教学研究，2014，28（5）：110-113.

[44] 韦艳艳，何城蝶，邵雪君 . 广西连片特困地区县的高中生物实验教学调查研究 [J]. 教育观察，2018，7（12）：7-8，15.

[45] 向葵花，陈佑清.聚焦学习行为：教学论研究的视域转换[J]. 课程・教材・教法，2013，33（12）：30-35.

[46] 谢妲娜，董素静，许敏，等.通过课堂观察法比较中等生和优等生的化学课堂学习行为：以“弱电解质的电离”为例[J]. 化学教育，2011（5）：26-29.

[47] 向葵花 . 审思与重建：中小学学生学习行为研究 [M]. 北京：中国社会科学出版社，2017.

[48] 徐红峰 . 有效指导与示范对学生生物学动作技能学习的影响：一次实验课改革得到的启示 [J]. 科学教育，2003，9（5）：57-59.

[49] 谭永平 . 从发展核心素养的视角探讨高中生物必修内容的变革 [J]. 课程・教材・教法，2016，36（7）：62-68.

[50] 谭永平 . 生物学学科核心素养：内涵、外延与整体性 [J]. 课程・教材・教法，2018，38（8）：86-91.

[51] 谭永平，李金花 . 新课改后中学生物公开课教与学的行为分析 [J]. 课程・教材・教法，2013，33（4）：71-74，54.

[52] 闫龙 . 课堂教学行为：内涵和研究框架 [J]. 全球教育展望，2007，36（Z）：39-44.

[53] 叶澜 . 什么样的课算一堂好课 [J]. 福建论坛（社科教育版），2005（11）：4-6.

[54] 姚纯贞，米建荣，王红成 . 国内外“学习行为”研究综述 [J]. 教学与管理，2009（10）：48-50.

[55] 余宏亮，秦淼 . 对话教学的致思方式及实践转向 [J]. 课程・教材・教法，2012，32（8）：28-33.

[56] 赵占良 . 试论提升学生的生物学理解力 [J]. 课程・教材・教法，2003，23（1）：58-61.

[57] 赵占良 . 基于核心素养的听评课 [J]. 中学生物教学，2017（7）：4-7.

[58] 苏泽 . 脑与学习 [M].“认知神经科学与学习”国家重点实验室，脑与教育应用研究中心，译 . 北京：中国轻工业出版社，2005.

[59] 伊列雷斯 . 我们如何学习: 全视角学习理论 [M]. 孙玫璐, 译 .2 版 . 北京：教育科学出版社，2014.

[60] 沃尔什，萨特斯 . 优质提问教学法：让每个学生都参与其中 [M]. 刘彦，译 . 北京：中国轻工业出版社，2009.

[61] 索耶 . 剑桥学习科学手册 [M]. 徐晓东，等译 . 北京：教育科学出版社，2010.

[62] 奥姆罗德 . 学习心理学：第 6 版 [M]. 汪玲，李燕平，廖凤林，等译 . 北京：中国人民大学出版社，2015.

[63] 波普尔.客观知识：一个进化论的研究[M]. 舒炜光，卓如飞，周柏乔，等译. 上海：上海译文出版社，1987.

[64] 格里格，津巴多 . 心理学与生活：第 19 版 [M]. 王垒，等译 . 北京：人民邮电出版社，2014.

[65] 丹东尼奥，贝森赫兹 . 课堂提问的艺术：发展教师的有效提问技能 [M]. 宋玲，译 . 北京：中国轻工业出版社，2006.

[66] 丹东尼奥，贝森赫兹 . 教师怎样提问才有效：课堂提问的艺术 [M]. 宋玲，译 . 北京：中国轻工业出版社，2015.

[67] 迈尔 . 怎样上课才最棒：优质课堂教学的十项特征 [M]. 黄雪媛，马媛，译 . 上海：华东师范大学出版社，2011.

[68] 泰勒 . 课程与教学的基本原理 [M]. 施良方，译 . 瞿葆奎，校 . 北京：人民教育出版社，1994.

[69] 联合国教科文组织 . 教育：财富蕴藏其中 [M]. 联合国教科文组织总部中文科，译 . 北京：教育科学出版社，1996.

[70] 罗斯 . 大脑的未来：神经科学的愿景与隐忧 [M]. 尚春峰，许多，译 . 北京：科学出版社，2016.

[71] 佐伯茂雄，野野村新，田之内厚三 . 现代心理学概述 [M]. 郭祖仪，译 . 芦翠雪，校 . 西安：陕西师范大学出版社，1985.

[72] MYERS A , ANDERSON S. How teacher positioning in the classroom affects the on-task behavior of students[J]. E-Journal of student research, 2010, 2(1): 1- 9.

[73] HOWE C, HENNESSY S, MERCER N, et al. Teacher–student dialogue during classroom teaching: does it really impact on student outcomes? [J] . Journal of the learning sciences, 2019, 28 ( 4-5): 462-512.

[74] DAVIES D, MCGREGOR D. Teaching science creatively[M]. 2th ed. New York: Routledge, 2016.

[75] SOUSA D A. The leadership brain: how to lead today' s schools more effectively[M]. Thousand Oaks, CA: Corwin Publishers, 2003.

[76] FENSTERMACHER G D, RICHARDSON V. On making determinations of quality in teaching[J]. Teachers college record, 2005, 107(1): 186-213.

[77] STAVER J R . Teaching science[M]. Belley: Imprimerie Nouvelle Gonnet, 2007.

[78] VARGAS J S. Behavior analysis for effective teaching[M]. New York: Routledge, 2009.

[79] LINN M C, EYLON B-S. Science learning and instruction[M]. New York: Routledge, 2011.

[80] LECOMPTE M D , GOETZ J P. Ethnography and qualitative design in educational research[M]. 2th ed. San Diego: Academic Press, 1993.

[81] FLANDERS N A. Using interaction analysis in the inservice training of teachers[J] . The journal of experimental education, 1962, 30(4): 313-316.

[82] DISPEZIO M A. Module K, introduction to science and technology (teacher edition)[M]. Orlando: Houghto Mifflin Harcourt, 2012.

[83] DUMONT H, ISTANCE D, BENAVIDES F. The nature of learning: using research to inspire practice[M]. [S.l.]: OECD Publishing, 2010.

[84] ALBERTO P A, TROUTMAN A C. Applied behavior analysis for teachers[M]. 7th ed. Upper Saddle Rive, NJ: Pearson, 2003.

[85] ROSENSHINE B. Principles of instruction[M]. St Julien: Imprimeric Villiere, 2010.

[86] ROSENSHINE B, STEVENS R. Teaching functions[M]// WITTROCK M C. Handbook of research on teaching.3th ed. New York: Macmillan, 1986.

[87] SCHLOSS P J, SMITH M A. Applied behavior analysis in the classroom[M]. 2th ed. New York: Pearson, 1998.

[88] SHARPE T L, KOPERWAS J. Behavior and sequential analyses: principles and practice[M]. Thousand Oaks, CA: Sage Publications, 2003.

[89] CONTANT T L, BASS J L, TWEED A A, et al. Teaching science through inquiry-based instruction[M]. New York : Pearson, 2018.

[90] SHARPE T, KOPERWAS J. Software assist for education and social science settings: behavior evaluation strategies and taxonomies (BEST) and accompanying qualitative applications[M]. Thousand Oaks, CA: Sage Publications, 1999.

[91] PIERCE W D, CHENEY C D. Behavior analysis and learning: a biobehavioral approach[M]. 6th ed. New York: Routledge, 2017.

[92] JENSON W R, SLOANE H N, YOUNG K R. Applied behavior analysis in education: a structured teaching approach[M]. Upper Saddle River, NJ: Prentice Hall, 1988.

[93] YAGER R E. The Constructivist learning model[J]. The science teacher, 2000, 67(1): 44-45.

# ○ 后记：未来值得期待 ○

1993 年，我在一所基层中学当教师，可以说，那时候对教学并没有什么深刻的思考，就是简单地认为，教学就是完成教学大纲规定的教学任务。但是，当年的经历，让我能够轻松理解广大一线教师在课堂教学时的状态。

1999 年，我再次进入基础教育行业，从事生物学课程和教材研究，因为视角的转换，我开始关注学生在学习的时候，大脑里究竟发生着什么。我为寻找这个问题的答案，查找过专业书籍，也找教育界专家探讨过。不过，当时几乎没有获得特别有用的信息。这些年来，我也持续关注着学习与大脑的关系研究。但是，目前来看，仍然很难直接观察或测量到学生学习时大脑里的神经元在结构上究竟是如何变化的。

学生学习时大脑发生什么变化，仍属于“黑箱”。那么，这个问题究竟该怎么去研究呢？从当前的状况看，通过教和学的行为去研究，寻找其间的相关关系，甚至是因果关系，可能仍然是揭示学习如何促进学生发展，教师的教如何有效地进行的途径之一。

大家常说，教学是科学，也是艺术。我们期待，课堂教学研究有越来越多的科学成分，教育科学越来越像科学。心理学的发展，科学手段的应用，将使得课堂研究有越来越多的科学支撑。实际上，目前来说，对教师和学生在课堂里教和学的研究，科学的成分，特别是能直接移植到提高教学有效性的科学成分还不太够。例如，我们仍常常只是凭经验来判断师生对话对学生学习结果的影响。不过，我们对未来充满希望，现在，教育工作者已经在开展实证研究，揭示师生对话对学生学习结果的影响[1]。

需要强调的是，我们在探讨学习行为时，也需要关注知识的本质和学习与知识的关系。波普尔曾指出，宇宙是由“三个世界”构成的：世界 1 是物质实体或物理状态的世界。世界 2 是意识状态或精神状态的世界，包括悲喜、自我意识等。世界 3 是思想的客观世界，尤其是科学思想、诗的思想以及艺术作品的世界。世界 3 指的是客观的非物质客体，是人类心智的产物，包括语言、故事，以及科学理论、解释、假说、论证等[2]。科学知识、思想、方法等属于世界 3，科学研究以发展世界 3 中的客观知识为首要目标。生物学课堂教学的根本目的，则在于转变学生头脑中存在的主观经验，属于世界 2 的范畴。世界 3 与世界 2 是相互作用的，因此教育才有可能促进学生成长。从学习行为承载的内容来看，我们显然需要关注世界 3 与世界 2 的关系，最好能将世界 2 与大脑神经结构和生理活动建立清晰的联系。目前，这样的想法基本是空想，但是，未来却是可能的。

课堂是如此的复杂，迄今，我们所探讨的所有有效的教学、良好的行为，可能与良好的学习结果之间只是相关关系，而不是确凿的因果关系。我在开展生物学课堂教学行为分析时，曾经希望能够从行为的频率与先后关系中分析出因果关系来。但是，非常遗憾，在探索了可能性之后，我却发现，自己几乎没有办法有效地实现这一愿望。经历过这样的难题，我明白了，在复杂的课堂面前，我们应该对教学行为有效性的探讨保持足够的谦卑！也就是说，承认自己知道得很少。并且，即便一种行为确实有效，

---

[1] HOWE C, HENNESSY S, MERCER N, et al. Teacher–student dialogue during classroom teaching: does it really impact on student outcomes? [J] . Journal of the learning sciences, 2019, 28 ( 4-5): 462-512.

[2] 波普尔 . 客观知识：一个进化论的研究 [M]. 舒炜光，卓如飞，周柏乔，等译 . 上海：上海译文出版社，1987：123-138.

那么，加强这一行为是否就一定能导致良好的课堂学习结果呢？未必！正如《可见的学习：对 800 多项关于学业成就的元分析的综合报告》一书作者所说：增加反馈与学业成就有重要的相关关系，但是，单一运用一种处方（增加反馈），在富有活力的、多面的、多元文化的、多变的课堂中将不会有什么作用[1]。

课堂是如此的复杂，人的发展又是如此多样，因此，教学行为的研究，挑战远比已知的更多。

本书应该是国内不太多的系统研究生物学课堂教学行为的专门著作中的一本，写作的挑战很大。在丛书总主编赵占良老师的指导下，以及广西教育出版社几位老师的大力支持下，才最终得以成书。虽然作者尽最大的努力来写好，书稿从开始执笔到交稿也历时两年多，几番增删，但是，限于作者水平，同时，也限于目前关于生物学课堂教学行为研究的现实，书稿中仍然有非常多的不尽如人意的地方，个别章节显得比较单薄。恳请读者理解！

我们要看到的是，课堂教学行为的研究，已经受到国际和国内教育界的广泛关注。国内也有众多关于教学行为的实证研究在开展。只要方向是对的，那么，多小的进步都值得肯定。

我们不妨回想一下，在细胞学说、进化论、遗传学说提出之前，甚至在分子生物学取得巨大成就之前，生物学一直处于事实的搜集和整理之中。因此，生物学研究曾经长期被某些科学家称作“集邮”。然而，近一百多年来，生物学的发展，在微观层次上，在分子水平揭示着生命的本质；在宏观尺度上，以生态学视角揭示生物与环境的关系；在历史尺度上，追溯着生命现象的根本原因。今天的生物学，已经毫无疑问是一门硬

[1] 哈蒂 . 可见的学习：对 800 多项关于学业成就的元分析的综合报告 [M]. 彭正梅，邓莉，高原，等译 . 北京：教育科学出版社，2015：4-5.

科学。

由此，我们可以理解，教育科学，特别是课堂教学的行为研究，面对的是人，是复杂的生命系统。要揭示这样的复杂系统如何在学习过程中改变，其难度不低于生命科学。

关于教学行为的研究，教育界在尝试探索，而且可以预见，随着研究的深入，可能会越加艰难。但是，众多的科学发现过程告诉我们，只要方向正确，在课堂教学研究的道路上“日积跬步”，未来就能“至千里”。

本书作为先期有限探索的总结，带着许多的不足面世。我今后将持续关注教育学、心理学、脑科学，以及生物学课堂教学行为研究的进展，如果有可能，会在若干年后进一步完善本书。

未来，值得期待！